好文出版

新 中国語★ステップ II

著 成寅

はじめに

21 世紀の世界では、国境を越えた国家、国民の交流が益々盛んになり、中国語を含めて、諸外国語学習の必要性が一層認識されました。ところが、多くの大学の非中国語専攻の教育現場では、未だに限られた授業時間の中で大人数の学生に授業を行っています。

本書は、単に教科書の消化ではなく、限られた授業時数を有効に活用し、学生に中国語基礎力を身に付けさせることを目標に作成しました。

週1回、1年半の授業、或いは週2回、1年間の授業で無理なく学び終えることを想定し、全 15 課で構成されています。「会話文」を中心に、学生向けのテーマで、実用的な常用表現を使いながら、中国語会話の基礎を学びます。限られた授業時間の中で学習していけるよう、本文の長さに配慮し、必要な文法事項も織り込みました。

各課は基本的に、〔本文〕、〔新出単語〕、〔ポイント注釈〕、〔練習〕の順で構成されています。

〔本文〕：大学生活に即した身近な話題についての実践的な会話文を取り入れました。

〔新出単語〕：本文での初出単語を提示しました。すでに『新・中国語ステップⅠ』で学習した単語は含みません。

〔ポイント注釈〕：本文に出てくる重要語句や文法をポイントとして取り上げ、項目別にまとめてあります。例文には基本的に本書及び『新・中国語ステップⅠ』で使った語句と文のみを使用しました。

〔練習〕：理解度を確認するために、さまざまな形式の問題を用意しました。さらに、学習内容を定着させるため、5課ごとに〔まとめ〕を入れました。

また、中国語と日本語の漢字の違いに留意してもらうために〔新出単語〕から該当漢字をリストアップし、〔漢字の書き方に注意〕を並べました。

そのほか、〔海のシルクロードの終着点・奈良から中国を知る〕では、各課に奈良にある中国とのゆかりの地を1つ取り上げ、写真とともに中国文化が古代の日本に与えた影響や日本と中国の繋がりなどをある側面から紹介し、中国に対する理解と興味を持ってもらう工夫をしました。

〔動脳筋〕では、中国人に人気の色々な "日本" や日常生活に必要な言葉を取り上げ、中国語での言い方をクイズ形式にしました。楽しみながら「生きた」中国語を感じて欲しいです。

「中国語でSDGsを」では、時代の変化に対応し、日本語とともに生きた知識を中国語で学び、ピンインも復習しながら SDGs に対する理解を深めてもらいたいです。

巻末には1課から 15 課までの単語を網羅した〔単語リスト〕と「本文」の訳を付けました。復習する際に、単語と本文の意味を再確認できます。

「QRコード」の部分には「本文」、「新出単語」、「練習1」と「動脳筋」の発音が収録されています。

全力を尽くして作った教科書ですが、不備なところもあるかと思います。諸先生方のご意見、ご批判などお寄せ頂ければ幸いです。

最後に、本書の作成に際しては、「海のシルクロードの終着点・奈良から中国を知る」をご執筆し、写真をご提供して下さった映像作家・保山耕一さん、表紙・イラストを描いて下さった小澤智慧さんに一方ならぬご支援、ご協力を頂きました。ここに記し、心から厚く御礼を申し上げます。また貴重なご意見を賜った王安萍先生、本書の編集、刊行で、色々なご提案と多大なご助力を頂いた好文出版の竹内路子さんにも、心からお礼を申し上げます。

2023 年　春

著者

CONTENTS

はじめに

『新・中国語ステップⅡ』の前に

1．ピンインの復習

1）声調（四声）　—／∨＼

2）子音（21個）　b p m f d t n l g k h j q x z c s zh ch sh r

3）単母音（6個）　a o e i u ü

4）半母音（1個）　er

5）複母音（13個）　ai ei ao ou ia ie iao iou ua uo uai uei üe

6）鼻母音（16個）　an en ang eng ong ian in iang ing iong uan uen uang ueng üan ün

2．文法の復習

1）"是"の文

　　◆我是日本人。　　　　我不是日本人。

2）"有"（所有）の文

　　◆我有英语词典。　　　我没有汉语词典。

3）"有"（存在）の文

　　◆图书馆里有书、词典、杂志、报纸什么的。　　我们学校没有游泳池。

4）"在"（存在・所在）の文

　　◆杨老师在。　　　　杨老师不在。

　　◆他在家里。　　　　他不在学校里。

5）形容詞述語文

　　◆电子词典很便宜。　　电子词典不便宜。

6）名詞述語文

　　◆今天十二月六号。　　现在不是九点。

7）動詞述語文

　　◆我吃面包。　　　　我不喝乌龙茶。

8）連動文

◆明天我们去唱卡拉 OK。　　　明天我们不去唱卡拉 OK。

◆我带女朋友一起去。　　　　　我不带女朋友一起去。

9）助動詞 "想"、"会"、"能"、"可以"

◆我想吃中国菜。　　　　　我不想吃中国菜。　　　　你想不想吃中国菜？

◆我会唱中国歌。　　　　　我不会唱中国歌。　　　　你会不会唱中国歌？

◆明天我能去。　　　　　　明天我不能去。　　　　　明天你能不能去？

◆你可以带女朋友一起去。　你不可以带女朋友一起去。　我可以不可以带女朋友一起去？

　　　　　　　　　　　　　　　　　　　　　　　　　　我可不可以带女朋友一起去？

10）疑問文

①"吗" 疑問文（諾否疑問文）

◆你是中国人吗？

②疑問代名詞疑問文

◆你有几本英语词典？

◆他家在哪儿？

◆图书馆里都有什么？

③反復疑問文

◆你有没有汉语词典？

④省略疑問文

◆A：你们学校有食堂吗？

　B：有。食堂在一楼。

　A：图书馆呢？

第1課 Dì yī kè

你在干什么呢？ Nǐ zài gàn shénme ne?

课文 kèwén 本文

 02　 03

Nǐ zài gàn shénme ne?
A：你 在 干 什么 呢？

Kāixué hòu yào xuéxí zhōngjí Hànyǔ le, wǒ zài fùxí chūjí
B：开学 后 要 学习 中级 汉语 了，我 在 复习 初级

Hànyǔ ne.
汉语 呢。

Nǐ zhēn yònggōng a!
A：你 真 用功 啊！

Nǎli, nǎli. Wǒ hái děi nǔlì xuéxí.
B：哪里， 哪里。 我 还 得 努力 学习。

Hànyǔ nán bu nán?
A：汉语 难 不 难？

Tài nán le.
B：太 难 了。

Zuì nán de shì shénme?
A：最 难 的 是 什么？

Dāngrán shì fāyīn la.
B：当然 是 发音 啦。

1. 在〜呢 zài〜ne 〜している／していた
2. 干【動】gàn （仕事）をする、やる
3. 开学【動】kāixué 始業（する）、学校が始まる
4. 后【名】hòu 後
5. 要〜了 yào〜le もうすぐ〜する、間もなく〜となる
6. 学习【動】xuéxí 学習（する）、勉強（する）
7. 中级【形】zhōngjí 中級（の）、中等（の）
8. 复习【動】fùxí 復習（する）
9. 初级【形】chūjí 初級（の）、初等（の）
10. 真【副】zhēn 実に、本当に
11. 用功【形】yònggōng （学習に）努力する、真剣である

12. 啊【助】a （感嘆の意を表す）
13. 哪里【代】nǎli いやいや、どういたしまして（相手に褒められた時や感謝された時の謙遜語）
14. 还【副】hái まだ、もっと
15. 得【助動】děi 〜しなければならない、〜する必要がある
16. 努力【動】nǔlì 努力する
17. 难【形】nán 難しい
18. 发音【名】fāyīn 発音
19. 啦【助】la （感嘆の意味を兼ねた断定的な口調を表す）

漢字の書き方に注意 jiǎntǐzì ※（ ）内は日本漢字

开(開) 后(後) 习(習) 级(級) 复(復) 真(真) 还(還) 难(難) 发(発)

注释 zhùshì ポイント注釈

①動作の進行を表す "在〜呢"

述語動詞の前に副詞 "在" を置くか、動詞述語文の文末に語気助詞 "呢" を加えると、「〜をしている／していた」、「〜をしているところである／していたところである」という動作の進行、持続を表すことになる。"在" と "呢" を同時に用いることもできる。

また、この進行を表す "在〜呢" は現在進行している動作はもちろんのこと、過去のことでも、将来のことをいう時にも使える。

動作が進行している時間は、時間名詞を用いて表す。

否定形は「"没(有)"＋動詞」、または「"没(有)"＋"在"＋動詞＋(呢)」となる。

【肯定形】我们　在　吃　饭　（呢）。　　　私たちはご飯を食べています。

他 下午 (在)　喝　咖啡 呢。　　　彼は午後、コーヒーを飲んでいました。

主語＋ "在"＋述語動詞＋目的語＋"呢"

【否定形】我们 没(有)　吃　饭。　　　私たちはご飯を食べていません。

主語＋"没(有)"＋述語動詞＋目的語

他 下午 没(有)　在　喝　咖啡 （呢）。　　　彼は午後、コーヒーを飲んでいませんでした。

主語＋ "没(有)"＋"在"＋述語動詞＋目的語＋(呢)

◎你在干什么呢？ Nǐ zài gàn shénme ne?
◎我在复习初级汉语呢。Wǒ zài fùxí chūjí Hànyǔ ne.
◎我没(有)在复习初级汉语。Wǒ méi (yǒu) zài fùxí chūjí Hànyǔ.

②近い将来についての判断を表す "要～了"

動詞や形容詞の前に助動詞 "要 yào" をつけ、文末に語気助詞 "了" を加えると、「もうすぐ～する」、「間もなく～となる」と、動作や状況が間もなく発生することを表す。文末には "了" が必要である。

杨老师 要　　去　　日本 了。
　　主語＋"要"＋動詞述語＋目的語＋"了"

楊先生はもうすぐ日本に行きます。

汉语词典 要　　便宜　　了。
　　主語＋"要"＋形容詞述語＋"了"

中国語辞書は間もなく安くなります。

◎我们要学习中级汉语了。Wǒmen yào xuéxí zhōngjí Hànyǔ le.

③助動詞 "得"

"得 děi" は動詞の前に置かれ、必要や義務を表し、「～しなければならない」、「～する必要がある」という意味を表す。否定形は "无须 wúxū" や "不用 búyòng" を用いる。"不得" とは言わない。

【肯定形】你　　得　　唱　中国歌。
　　　　　他们 得　　去　日本 学习。
　　　　主語＋"得"＋動詞＋目的語

あなたは中国の歌を歌わなければなりません。

彼らは日本へ勉強に行かなければなりません。

【否定形】你　　　　不用　　　唱　中国歌。
　　　　　他们　　无须　　　去　日本 学习。
　　　　主語＋"不用"／"无须"＋動詞＋目的語

あなたは中国の歌を歌う必要がありません。

彼らは日本へ勉強に行く必要がありません。

◎我还得努力学习。Wǒ hái děi nǔlì xuéxí.
◎我不用努力学习。Wǒ búyòng nǔlì xuéxí.

◇1. 下線部を置き換えて練習しなさい。

1）要学习<u>中级汉语</u>了。Yào xuéxí zhōngjí Hànyǔ le. 05
　　　生词 shēngcí（新出単語）
　　　课文 kèwén（本文）
　　　语法 yǔfǎ（文法）

2）我在复习<u>初级汉语</u>呢。Wǒ zài fùxí chūjí Hànyǔ ne. 06
　　　第一课
　　　拼音 pīnyīn（ピンイン）
　　　小知识 xiǎo zhīshi（豆知識）

◇2. 次の反復疑問文を諾否疑問文にし、肯定と否定で答えなさい。

汉语难不难?

◇3. 次の中国語を日本語に訳しなさい。

1）太难了！

2）哪里，哪里。

3）你真用功啊！

4）最难的是什么?

◇4. 日本語の意味に合わせて、中国語を並べ替えなさい。

1）学校が始まったら、中国の歌を学びます。
　　（歌　开学　中国　要　后　唱　了　学）

2）私たちは今中級英語を復習しています。
　　（中级　复习　在　现在　呢　英语　我们）

◇5.【 】にある中国語を用いて、次の日本語を中国語に訳しなさい。

1）私は中国語の文法を復習しなければなりません。【得】

2）あなたたちは土曜日、日曜日に学校に行く必要がありません。【不用】

◇6．次の質問に中国語で答えなさい。

1）日本的大学几月开学?

2）中国的大学几月开学?

3）你现在在干什么呢?

4）你要去图书馆了吗?

5）汉语难不难?

6）你用功吗?

dòngnǎojīn
动脑筋

【日本のメーカー名】 07

次の単語を発音し、漢字の意味をよく考えて、それが何かを当ててみよう。

三得利　Sāndélì

优衣库　Yōuyīkù

丰田　Fēngtián

京瓷　Jīngcí

佳能　Jiā'néng

海のシルクロードの終着点・奈良から中国を知る　【平城宮跡】

中国とのゆかりの地として、真っ先に思い当たるのは平城宮跡ではないでしょうか。今から1400年前。日本は当時の中国「隋」に遣いを送ります。困難を極める航海を乗り越え、遣隋使は中国から当時の日本には無かった優れた文化を学び日本へ取り入れました。政治の仕組みもその一つです。隋から唐に時代が変わっても、遣唐使として中国との繋がりは途切れることがありませんでした。遣唐使が唐の都・長安で見たものは、日本には無い巨大な都市。政治の中心である長安の都を初めて目にした遣唐使は驚いたに違いありません。このような都を日本にもつくりたい。その時の遣唐使の思いがすべての始まりとなり、710年、奈良に平城京が造られたのです。平城宮は、日本が律令国家として形成された奈良時代の政治・文化の中心となりました。1998年、平城宮跡は「古都奈良の文化財」として東大寺などと共に世界遺産に登録されました。平城宮の中心となるのは政治・儀式の場である大極殿。天皇の即位式や外国使節との面会など、国のもっとも重要な儀式のために使われた平城宮最大の宮殿です。大極殿は2010年に復原され、内部を見学することができます。平城宮跡は誰もが自由に散策でき、市民の憩いの場になっています。平城宮跡に立つと奈良の空がこんなにも広いことに気がつくでしょう。そんな平城宮跡は奈良時代の日本に思いを馳せるだけではなく、中国・唐の都を感じられる場所でもあります。

第2课 Dì èr kè

你以前去过北京吗？ Nǐ yǐqián qùguo Běijīng ma？

课文 kèwén 本文 08 09

Jīnnián hánjià nǐ gàn shénme le?
A：今年 寒假 你 干 什么 了？

Wǒ qù Běijīng liúxué le.
B：我 去 北京 留学 了。

Qùle duōcháng shíjiān?
A：去了 多长 时间？

Qùle yí ge duō yuè.
B：去了 一 个 多 月。

Nǐ yǐqián qùguo Běijīng ma?
A：你 以前 去过 北京 吗？

Cónglái méi qùguo. Búguò wǒ qùguo Shànghǎi.
B：从来 没 去过。 不过 我 去过 上海。

Běijīng、Shànghǎi zěnmeyàng?
A：北京、 上海 怎么样？

Búdàn fēicháng rènao,
B：不但 非常 热闹,

érqiě hěn yǒuyìsi.
而且 很 有意思。

生词 (shēngcí) 新出単語

10

1. 今年【名】jīnnián　今年
2. 寒假【名】hánjià　冬休み
3. 了【助】le　（事柄や状況の発生、動作や行為の完了・完成、または状態の変化などを表す）
4. 北京【固有】Běijīng　北京
5. 留学【動】liúxué　留学（する）
6. 多长【代】duōcháng　どれほど
7. 时间【名】shíjiān　時間
8. 个【助数】ge　箇、個（最も広く用いられる助数詞で、専用の助数詞のない名詞に用いるほか、専用の助数詞をもつ名詞についてもしばしば "个" を用いることがある）
9. 以前【名】yǐqián　以前、昔
10. 过【助】guo　～したこと（経験）がある
11. 从来【副】cónglái　いままで、これまで、かつて（過去から現在までそうであったことを表し、多くは否定文で用いられる）
12. 不过【接続】búguò　但し、しかし、ただ、でも
13. 上海【固有】Shànghǎi　上海
14. 怎么样【代】zěnmeyàng　どうですか
15. 不但～而且～　búdàn ～ érqiě ～　～ばかりでなく、その上さらに～、～のみならず～も
16. 非常【副】fēicháng　非常に、きわめて、たいへん
17. 热闹【形】rènao　にぎやかである
18. 有意思【形】yǒuyìsi　面白い

漢字の書き方に注意 (jiǎntǐzì)　※（　）内は日本漢字

假 (暇)　长 (長)　时 (時)　间 (間)　个 (個)　过 (過)　从 (従)　样 (様)　热 (熱)

注释 (zhùshi)　ポイント注釈

①語気助詞 "了" (1) とアスペクト助詞 "了"

　語気助詞 "了" は文末に置かれ、ある事柄や状況がすでに発生したことを表す。常に過去に発生したことを表すが、過去に発生した事柄や状況すべてに必ずしも語気助詞 "了" が必要とは限らない。

　アスペクト助詞 "了" は動詞の後に置かれ、動作や行為の完了・完成を表す。ただし、動作や行為の完了・完成とは、過去に起きたことや将来に起きることを含む。また、完了・完成を表す動作や行為はよく過去に発生するが、過去に起こった動作や行為すべてにアスペクト助詞 "了" を用いるわけではない。

　否定形は両方とも動詞の前に "没(有)" を加えて、"了" を取る。

1）語気助詞 "了" (1)

【肯定形】她　唱　英语歌　了。
　　　　　我们　复习　初级汉语　了。
　　　　　主語 + 述語動詞 + 目的語 + "了"

彼女は英語の歌を歌いました。

私たちは初級中国語を復習しました。

２）アスペクト助詞 "了"

【肯定形】她　　唱　　了　英语歌。
　　　　　我们　复习　了　初级汉语。
　　　主語＋述語動詞＋"了"＋目的語

彼女は英語の歌を歌いました。

私たちは初級中国語を復習しました。

【否定形】她　　没(有)　唱　　英语歌。
　　　　　我们　没(有)　复习　初级汉语。
　　　主語＋"没(有)"＋述語動詞＋目的語

彼女は英語の歌を歌いませんでした。

私たちは初級中国語を復習しませんでした。

（×）她没(有)唱英语歌了。
（×）我们没(有)复习初级汉语了。

※文末に "了" をつけたため。

◎今年寒假你干什么了? Jīnnián hánjià nǐ gàn shénme le?
◎我去北京留学了。Wǒ qù Běijīng liúxué le.
◎我没(有)去北京留学。Wǒ méi(yǒu) qù Běijīng liúxué.

◎去了多长时间? Qùle duōcháng shíjiān?
◎去了一个多月。Qùle yí ge duō yuè.
◎没(有)去一个多月。Méi(yǒu) qù yí ge duō yuè.

②時量補語

　補語とは原因となる述語動詞、または形容詞の後につき、それがもたらす様々な結果を表す文成分である。
　動作や状態の持続する時間の長さを表す数量フレーズなどのことを「時量補語」という。これらは述語動詞、または形容詞の後に置かれる。
　例えば、"一年 yì nián"（１年間）、"一个月 yí ge yuè"（１カ月）、"一个星期 yí ge xīngqī"（１週間）、"一天 yì tiān"（１日）、"一个小时 yí ge xiǎoshí"（１時間）、"一分钟 yì fēnzhōng"（１分間）、"一秒钟 yì miǎozhōng"（１秒間）など。

　　　　学习　　　六个月
　　　　去　　　　三个星期
　　　　便宜　　　两天
　　　述語動詞／形容詞＋時量補語（時間の長さ）

6カ月間勉強する

3週間行く

2日間安くする

中国留学生　学习　　六个月　　　日语。
我　　　　　去　　　三个星期　　东京。
电子词典　　便宜　　两天。
　　　主語＋述語動詞／形容詞＋時量補語＋　目的語

中国人留学生は６カ月間日本語を勉強します。

私は３週間東京に行きます。

電子辞書は２日間安くします。

◎去了多长时间? Qùle duōcháng shíjiān?
◎去了一个多月。Qùle yí ge duō yuè.

③アスペクト助詞 "过"

　"过 guo" は動詞の後に置かれ、ある動作や行為が以前に発生したことを

表し、過去の経験を強調する。日本語の「〜したことがある」に相当する。

　否定形は動詞の前に "没(有)" を加え、"过" はそのまま残し、「"没(有)"＋動詞＋"过"」となる。

【肯定形】我　　喝　　过　乌龙茶。
　　　　　他　　吃　　过　中国菜。
　　　　主語＋述語動詞＋"过"＋目的語

私は烏龍茶を飲んだことがあります。

彼は中華料理を食べたことがあります。

【否定形】我　没(有)　　喝　　过　乌龙茶。
　　　　　他　没(有)　　吃　　过　中国菜。
　　　主語＋"没(有)"＋述語動詞＋"过"＋目的語

私は烏龍茶を飲んだことがありません。

彼は中華料理を食べたことがありません。

◎我去过上海。 Wǒ qùguo Shànghǎi.
◎你以前去过北京吗？ Nǐ yǐqián qùguo Běijīng ma?
◎从来没(有)去过。 Cónglái méi(yǒu) qùguo.

④累加関係を表す "不但〜而且〜"

　二つ、もしくはそれ以上の意味的に関連のある単文から構成される文のことを「複文」という。複文を構成するそれぞれの構造が相対的に独立した単文のことを「節」という。

　接続詞 "不但 búdàn" は前節に用い、後節の接続詞 "而且 érqiě" か、副詞 "还" などと呼応させ、「〜ばかりでなく、その上さらに〜」、「〜のみならず〜も」と累加複文を構成し、前節で説明していることよりさらに一層進んでいる意味を表す。"而且" や "还" などは単用することもできる。

她 不但 会 英语，　　 而且　 会 汉语。
我 不但 是 他的老师，　 还　　 是 他的朋友。
(前節)"不但"　　　(後節)"而且"／"还" など【累加関係】

彼女は英語ができるばかりでなく、中国語もできます。

私は彼の先生だけでなく、彼の友達でもあります。

◎不但非常热闹，而且很有意思。 Búdàn fēicháng rènao, érqiě hěn yǒuyìsi.

练习 liànxí 練習

◇1．下線部を置き換えて練習しなさい。

1）我去北京留学了。 Wǒ qù Běijīng liúxué le.
　　　　旅行 lǚxíng （旅行）
　　　　出差 chūchāi （出張）
　　　　考察 kǎochá （視察）

 11

2）你以前去过北京吗？ Nǐ yǐqián qùguo Běijīng ma?
　　　　美国 Měiguó （アメリカ）
　　　　英国 Yīngguó （イギリス）
　　　　澳大利亚 Àodàlìyà （オーストラリア）

 12

◇2．次の日本語を中国語に訳しなさい。

　　1）8日間　　2）5カ月　　3）7分間　　4）2週間　　5）9時間　　6）4年間

◇3．次の諾否疑問文を反復疑問文にし、肯定と否定で答えなさい。

　　你以前去过北京吗?

◇4．次の中国語を日本語に訳しなさい。

　　1）很有意思。　　　　　　　　　　2）从来没去过。

　　3）上海怎么样?　　　　　　　　　4）去了多长时间?

◇5．日本語の意味に合わせて、中国語を並べ替えなさい。

　　1）今年の冬休みに彼女は中国へ留学に行きました。
　　　（寒假　了　去　她　留学　中国　今年）

　　2）私たちは昔京都、大阪に行ったことがあります。
　　　（京都　我们　大阪　以前　过　去）

◇6．【　】にある中国語を用いて、次の日本語を中国語に訳しなさい。

　　1）彼は3月に東京へ出張に行きます。【三月】

　　2）彼女は3カ月日本へ旅行に行きます。【三个月】

◇7．次の質問に中国語で答えなさい。

　　1）今年寒假你干什么了?

　　2）星期天你干什么了?

　　3）你去过东京大学吗?

　　4）你唱没唱过英语歌?

　　5）你去过中国吗?

　　6）你想不想去中国留学?

【旅の必需品】 13

次の単語を発音し、漢字の意味をよく考えて、それが何かを当ててみよう。

　　拉杆箱　lāgǎnxiāng
　　智能手机　zhìnéngshǒujī
　　充电器　chōngdiànqì
　　信用卡　xìnyòngkǎ
　　环保袋　huánbǎodài

海のシルクロードの終着点・奈良から中国を知る　【唐招提寺】

　奈良時代、唐の高僧であった鑑真は朝廷からの願いで日本に渡り、正しい仏教「戒律」を広めました。日本への渡航は困難を極め、10年間に5回も失敗し、両目を失明します。753年、苦難の末、6回目にして日本の地を踏むことになります。そして、奈良に唐招提寺を建て、日本の仏教の発展に力を尽くし仏教の礎を築いたのです。

　鑑真は日本の教科書にも取り上げられているので、この物語はよく知られています。では、鑑真が広めた「戒律」とは具体的にはどのような内容だったのでしょうか。唐招提寺の僧侶に質問したところ、戒律には5つの戒（五戒）があり、1）生き物を殺さない。できるだけ殺生はしない。2）盗んではいけない。3）嘘はつかない、さぼらない。4）男女の交わりを正しくする。5）お酒を飲みすぎてはいけない。このように難しい仏教の教えではなく、現代社会においても通ずる道徳的な内容でした。鑑真は悟りを開くための生活の基礎を説き、仏教の乱れを正したのです。唐招提寺で修学旅行の生徒が僧侶と話していました。

　　生徒「鑑真の像はどこにあるの？」
　　僧侶「こら、鑑真と呼び捨てにしない。せめて鑑真さんと言いなさい。」

　唐招提寺のすべての僧侶は現代でも鑑真和上を師と仰ぎ、弟子であるとの自覚をもって仏教を広められています。

　奈良の唐招提寺では鑑真和上の志が今も強く感じられ、奈良の人々は鑑真和上のおかげで今の平和な日本があると、感謝の気持ちで鑑真和上像に手を合わせているのです。

あなたは毎日どうやって
通学していますか？

第3课 Dì sān kè

你每天怎么上学? Nǐ měi tiān zěnme shàngxué?

课文 kèwén 本文　　　　14　　15

Nǐ měi tiān zěnme shàngxué?
A：你 每 天 怎么 上学?

Wǒ zuò dìtiě shàngxué.
B：我 坐 地铁 上学。

Cóng nǐ jiā dào xuéxiào yào duōcháng shíjiān?
A：从 你 家 到 学校 要 多长 时间?

Dàgài yào yí ge bàn xiǎoshí.
B：大概 要 一 个 半 小时。

Nà měi tiān gòu lèi de.
A：那 每 天 够 累 的。

Shì a, láihuí yào sān ge xiǎoshí.
B：是 啊, 来回 要 三 个 小时。

Nǐ zǎoshang yìbān jǐ diǎn chūmén?
A：你 早上 一般 几 点 出门?

Qī diǎn zuǒyòu jiù děi chūmén.
B：七 点 左右 就 得 出门。

生词 shēngcí 新出単語

1. 每【代】měi　それぞれ、〜ごとに
2. 天【名】tiān　日
3. 怎么【代】zěnme　どう、どのように
4. 上学【動】shàngxué　学校へ行く、学校に通う
5. 坐【動】zuò　（乗り物に）乗る、座る
6. 地铁【名】dìtiě　地下鉄
7. 从【前置】cóng　〜から
8. 到【前置】dào　〜まで
9. 要【動】yào　（〜を）必要とする
10. 大概【副】dàgài　たぶん、だいたい
11. 小时【名】xiǎoshí　時間（時の経過を数える単位）
12. 够〜的 gòu〜de　ずいぶん、たいへん、すごく（話し手が認識した程度に達した、或いは超えたことを表す）
13. 累【形】lèi　疲れる
14. 是【動】shì　（肯定の返事）はい、そうです
15. 来回【動】láihuí　往復する
16. 早上【名】zǎoshang　朝
17. 一般【形】yìbān　普通、一般的
18. 出门【動】chūmén　家を出る、外出する
19. 左右【名】zuǒyòu　ぐらい、前後、約
20. 就【副】jiù　もう、すでに、とっくに

漢字の書き方に注意 jiǎntǐzì ※（ ）内は日本漢字

每 (毎)　铁 (鉄)　门 (門)

注释 zhùshì ポイント注釈

①疑問代名詞 "怎么"

"怎么" の後に動作や行為動詞があると、その動作や行為が行われる方法や方式（どんなふうに、どうやって）を問うことになる。動詞には否定形を用いない。

你　　怎么　教　汉语?
他们　怎么　去　北京、上海?

主語＋"怎么"＋動詞＋目的語

あなたはどのように中国語を教えますか？

彼らはどのように北京や上海に行きますか？

◎你每天怎么上学? Nǐ měi tiān zěnme shàngxué?

②从〜到〜

前置詞 "从" は、動作の起点や時間の始まり（出発点／開始時間）を表し、よく後に動作の終点や時間の終わり（到達点／終了時間）を表す "到" と呼応して使う。"从" と "到" の後にそれぞれ場所や時間を示す語を入れ、ある場所からある場所までの空間的距離や、ある時点からある時点までの時間的距離を表し、日本語の「〜から〜まで」に相当する。

| 从 | 中国 | 到 | 日本 | 很远。 |
| 从 | 食堂 | 到 | 图书馆 | 不远。 |

"从"＋動作の起点　"到"＋動作の終点＋述語

| 从 | 星期一 | 到 | 星期五 | 有 | 课。 |
| 从 | 八点 | 到 | 九点 | 复习 | 中级汉语。 |

"从"＋時間の始まり　"到"＋時間の終わり＋述語＋目的語

◎从你家到学校要多长时间?

Cóng nǐ jiā dào xuéxiào yào duōcháng shíjiān?

③副詞 "就"

時を表す言葉の後に "就 jiù" を用いて、動作や行為が時間的に早いことや、実現する速度が速いこと、または短時間内にある状態が現れることなどを表す。日本語の「早くも～」、「～の時にもう～」に相当する。

| 男朋友 | 今年 | **就** | 去 | 留学。 |
| 老师 | 星期一 | **就** | 教 | 发音。 |

主語＋時を表す言葉＋"就"＋動詞述語＋目的語

◎七点左右**就**得出门。Qī diǎn zuǒyòu jiù děi chūmén.

中国から日本まで遠いです。

食堂から図書館まで遠くありません。

月曜日から金曜日まで授業があります。

8時から9時まで中級中国語を復習します。

ボーイフレンドは今年、早くも留学に行きます。

先生は月曜日にもう発音を教えます。

◇1. 下線部を置き換えて練習しなさい。

1）我<u>坐地铁上学</u>。Wǒ zuò dìtiě shàngxué.
　　骑车 qí chē（自転車に乗る）
　　走路 zǒu lù（歩く）
　　坐电车 zuò diànchē（電車に乗る）

17

2）从你家到<u>学校</u>要多长时间？Cóng nǐ jiā dào xuéxiào yào duōcháng shíjiān?
　　　　车站 chēzhàn（駅）
　　　　超市 chāoshì（スーパーマーケット）
　　　　医院 yīyuàn（病院）

18

◇2. "每天(毎日)" をヒントに次の日本語を中国語に訳しなさい。

1）まいしゅう　　　2）まいつき　　　3）まいとし

◇3. 次の中国語を日本語に訳しなさい。

1）来回要三个小时。

2）我坐地铁上学。

3）每天够累的。

4）早上七点左右出门。

◇4. 日本語の意味に合わせて、中国語を並べ替えなさい。

1）先生の家から大学まで普通2時間半かかります。
　（大学　半　到　要　家　小时　老师　两　一般　从　个）

2）学校が始まったら、あなたたちはどのように日本語を学びますか。
　（学　后　你们　日语　开学　怎么）

◇5.【　】にある中国語を用いて、次の日本語を中国語に訳しなさい。

1）学生たちは3月にもう初級中国語を復習していました。【就】

2）先生は4月から6月までピンインを教えます。【从～到～】

3）日本人はどのように英語を勉強しますか。【怎么】

4）あなたたちの大学は今どうですか。【怎么样】

◇6．次の質問に中国語で答えなさい。

1）你每天怎么上学？

2）从你家到学校要多长时间？

3）你学习累不累？

4）星期五你几点出门？

5）汉语课从几点到几点？

6）你每天大概学习多长时间？

【乗り物】 19

次の単語を発音し、漢字の意味をよく考えて、それが何かを当ててみよう。

公交车 gōngjiāochē
出租车 chūzūchē
租赁车 zūlìnchē
缆车 lǎnchē
电梯 diàntī

海のシルクロードの終着点・奈良から中国を知る　【箸】

箸がいつ日本に伝わったのかは諸説ありますが、中国から日本に伝わったのは間違いないようです。奈良時代は中国との文化交流が盛んな時代でした。607年に小野妹子らの遣隋使がたくさんの中国文化を日本に持ち帰ります。その中に箸で食事をするという箸食（はししょく）があり、箸が日本に伝わったといわれています。

箸を食事の際に用いるようになったのも、聖徳太子が箸食を朝廷内で採用したのが最初とされています。聖徳太子が朝廷に取り入れた食事作法は次第に民衆へと広がり、食事に箸を使う文化が浸透していきました。

奈良時代には杉や檜の箸が使われていた形跡があります。平城宮跡からは箸が大量に出土しています。これは平城宮の築造に参加した人達の食事用に、おそらく使い捨てられていたものではないかといわれています。

使い捨ての箸といえば、割り箸。最近では、使い捨ては「もったいない」という理由から、飲食店ではプラスチック製の箸を見かけることが増えました。しかし、割り箸は製材した際に出る端材や間伐材などを有効利用しており、森の間伐を促すことで森が健全化し、むしろ環境にやさしいとされています。箸が伝わった奈良では吉野杉や檜が主幹産業である林業を支えています。その吉野杉の間伐材を使った割り箸がお土産品として人気があるそうです。小野妹子らが中国から持ち帰り、聖徳太子によって広められた箸。そのゆかりの地で生産されている吉野杉の割り箸。中国から始まった物語がここにもあります。

どうすれば中国語を
マスターできますか？

怎样才能学好汉语？ Zěnyàng cái néng xuéhǎo Hànyǔ?

课文 **kèwén** 本文

20 21

Lǎoshī, wǒ xiǎng wèn nín yí ge wèntí.
A：老师，我 想 问 您 一 个 问题。

Nǐ shuō ba.
B：你 说 吧。

Zěnyàng cái néng xuéhǎo Hànyǔ?
A：怎样 才 能 学好 汉语?

Duō tīng、 duō shuō、 duō dú、 duō liànxí.
B：多 听、 多 说、 多 读、 多 练习。

Háiyǒu ne?
A：还有 呢?

Bié hàixiū, bú pà shuōcuò.
B：别 害羞, 不 怕 说错。

Xièxie lǎoshī, wǒ yídìng nǔlì xuéhǎo Hànyǔ.
A：谢谢 老师， 我 一定 努力 学好 汉语。

Jiāyóu ba!
B：加油 吧！

生词 shēngcí 新出単語 22

1. 问【動】wèn 問う、尋ねる、聞く、質問する
2. 您【代】nín あなた、あなたさま
3. 问题【名】wèntí （解答を求める）問題、題
4. 说【動】shuō 言う、話す、語る
5. 吧【助】ba 〜してください、〜しましょう（文末につけて相談、提案、要求、懇願、命令、催促などの語気を表す）
6. 怎样【代】zěnyàng どう、どのように
7. 才【副】cái やっと、ようやく、〜してこそはじめて〜
8. 好【形】hǎo ちゃんと〜し終わる、立派に完成する、完璧に出来上がる（動詞の後に用い、事物の申し分のない状態に達し、または完了・完成を表す）
9. 听【動】tīng （耳で）聞く
10. 读【動】dú 読む
11. 练习【動】liànxí 練習（する）、けいこ（する）
　　　　【名】 練習問題
12. 还有【接続】háiyǒu それから、そして、その上に
13. 别【副】bié 〜するな（禁止命令）
14. 害羞【動】hàixiū 恥ずかしがる、はにかむ
15. 怕【動】pà 恐れる、怖がる、びくびくする
16. 错【形】cuò 間違っている、正確でない、正しくない
17. 一定【副】yídìng きっと、必ず、絶対に
18. 加油【動】jiāyóu 頑張る

漢字の書き方に注意 jiǎntǐzì　※（　）内は日本漢字

问（問）題（題）说（説）才（才）听（聴）读（読）练（練）别（別）
害（害）羞（羞）错（錯）

注释 zhùshì ポイント注釈

①二重目的語文

　中国語の一部の動詞は述語となる時に、連続して二つの目的語をとることができる。目的語が二つ続いている文のことを「二重目的語文」という。動詞に近い目的語は「間接目的語」といい、動詞から離れている目的語は「直接目的語」という。

我	教	你	汉语。
高玲	还 huán	林良平	词典　了。

主語＋動詞述語＋間接目的語＋直接目的語
　　　　　　　　【対象】　【事物など】

私はあなたに中国語を教えてあげます。

高玲さんは林良平さんに辞書を返しました。

◎我想问您一个问题。Wǒ xiǎng wèn nín yí ge wèntí.

②結果補語

　中国語の動詞が単独で使われる時には、多くが動作や行為を行うことを表すだけで、動作や行為の完成、または変化した結果を表さない。

　述語動詞のすぐ後に置かれ、動作や行為の完成、または変化が生じた結果を説明する動詞や形容詞のことを「結果補語」という。

　動詞に結果補語がついた動作や行為はふつう完成されたものであるため、結果が得られなかった場合の否定形は述語動詞の前に"没(有)"を加え、「"没(有)"＋述語動詞＋結果補語」となる。

【肯定形】我　　喝　　完 wán　咖啡　了。
　　　　　他　　听　　错　　　出门的时间　了。
　　　　　　主語＋述語動詞＋結果補語＋　目的語

【否定形】我　没(有)　喝　　完　　咖啡。
　　　　　他　没(有)　听　　错　　出门的时间。
　　　　　　主語＋"没(有)"＋述語動詞＋結果補語＋目的語

私はコーヒーを飲み終わりました。
彼は出かける時間を聞き間違えました。

私はコーヒーを飲み終わっていません。
彼は出かける時間を聞き間違えていません。

◎怎样才能学好汉语?　Zěnyàng cái néng xuéhǎo Hànyǔ?

◎没(有)学好汉语。Méi(yǒu) xuéhǎo Hànyǔ.

◎不怕说错。Bú pà shuōcuò.

③副詞 "才"

　"才 cái" はある条件や原因、目的などのもとで実現させる結果を提示する副詞で、「～あってこそはじめて～」、「～してこそはじめて～」という意味を表す。

你　　有钱　　　　才　　能去留学。
我们　学习汉语　　才　　会唱中国歌。
【条件、原因、目的など】"才"　【結果】

あなたはお金があっこてそはじめて留学に行けます。

私たちは中国語を勉強してこそはじめて中国の歌を歌えます。

◎怎样才能学好汉语?　Zěnyàng cái néng xuéhǎo Hànyǔ?

◎多听、多说、多读、多练习（才能学好汉语）。
　　　　　Duō tīng、duō shuō、duō dú、duō liànxí (cái néng xuéhǎo Hànyǔ).

④副詞 "别"

　"别 bié" は動詞の前に置かれ、勧告や禁止の語気を表し、日本語の「～するな」、「～してはいけない」に相当する。

今天　　　　　别　　出门!
你们　早上　　别　　坐　地铁!
　　　　　　"别"＋　動詞

今日は出掛けるな!

あなたたちは朝地下鉄に乗るな!

◎别害羞。Bié hàixiū.

◇1. 下線部を置き換えて練習しなさい。

　1）我想问您一个问题。Wǒ xiǎng wèn nín yí ge wèntí.

23

　　　　　他　　　电子邮址 diànzǐ yóuzhǐ（メールアドレス）
　　　　　你们　手机号码 shǒujī hàomǎ（携帯番号）
　　　　　老师　住址 zhùzhǐ（住所）

　2）怎样才能学好汉语？Zěnyàng cái néng xuéhǎo Hànyǔ?

24

　　　　　法语 Fǎyǔ（フランス語）
　　　　　韩语 Hányǔ（韓国語）
　　　　　西班牙语 Xībānyáyǔ（スペイン語）

◇2. 語気助詞 "吧" を用いて、次の日本語を中国語に訳しなさい。

　1）食べてください。　　　　2）飲んでください。

　3）教えてください。　　　　4）学んでください。

　5）歌ってください。　　　　6）行ってください。

　7）乗ってください。　　　　8）復習してください。

◇3. 次の中国語を日本語に訳しなさい。

　1）加油吧。

　2）别害羞。

　3）不怕说错。

　4）多听、多说、多读、多练习。

◇4. 日本語の意味に合わせて、中国語を並べ替えなさい。

　1）私たちは必ず一生懸命中国の歌を歌い上げます。
　　　（歌　一定　好　努力　中国　我们　唱）

　2）お聞きしますが、私はどうやって中国語を完璧に教えることができますか。
　　　（能　教　请问　我　才　汉语　怎样　好）

◇5.【 】にある中国語を用いて、次の日本語を中国語に訳しなさい。

　1）時間があってこそはじめて旅行に行けます。【才】

　2）冬休みにイギリスに行かないで、オーストラリアに行きなさい。【别】

　3）あなたはどのように中国語の発音を練習しますか。【怎样】

　4）私は初級中国語を完全に復習し終わりました。【好】

31

◇6．次の質問に中国語で答えなさい。

1）你害羞吗？

2）你怕不怕说错汉语？

3）你问老师问题吗？

4）你读过汉语杂志吗？

5）你读没读过汉语报纸？

6）怎样才能学好汉语？

【テーマパークのキャラクター】 25

次の単語を発音し、漢字の意味をよく考えて、それが何かを当ててみよう。

dòngnǎojīn
动脑筋

米老鼠　Mǐlǎoshǔ

唐老鸭　Tánglǎoyā

维尼熊　Wéiníxióng

凯蒂猫　Kǎidìmāo

小黄人　Xiǎohuángrén

海のシルクロードの終着点・奈良から中国を知る　【正倉院の天平写経】

　正倉院（しょうそういん）は、東大寺にある校倉造（あぜくらづくり）の高床式倉庫。1998年に「古都奈良の文化財」の一部としてユネスコの世界文化遺産に登録されました。聖武天皇・光明皇后ゆかりの品をはじめ、天平文化を中心とした数多くの美術工芸品を所蔵しています。正倉院の所蔵品には中国やペルシャからの輸入品もあることから、日本がシルクロードの東の終点といわれる根拠となっています。正倉院は、絵画・書・金工・漆工・木工・刀剣・陶器・ガラス器・楽器・仮面など古代の美術工芸を集めた文化財の一大宝庫であり、奈良時代の日本を知るうえで貴重な史料である正倉院文書や東大寺大仏開眼法要に関わる品なども所蔵しています。また、正倉院には明治になって東大寺から献納された『聖語蔵（しょうごそう）』があり、五千巻の経文の中には、隋や唐の経文が含まれています。

　所蔵品の中に「天平写経」があります。奈良時代には中国から伝わった仏教を広めるため、国家事業として写経生による写経が大々的に行われました。天平写経とよばれるのがこれにあたります。写経は唐の経典を見ながら書き写すので、参考にした経典の文字を真似ることになります。天平写経はまさに唐代の書風を如実に伝えているのです。正倉院展で見ることのできる天平写経、その文字の美しさは格別です。天平写経が盛んだった時代、唐でも写経が行われていましたが、現在ではほとんど残っていないようです。

　時代の流れの中で、中国で失われたものが日本には残ったのです。奈良は中国にとってタイムカプセルのような存在なのかもしれません。

第 5 课 Dì wǔ kè

あなたは何か用があるのですか？

你有什么事儿吗？ Nǐ yǒu shénme shìr ma?

课文 (kèwén) 本文

 26　 27

Shǔjià　nǐ　yǒu　kòng ma?
A：暑假　你　有　空　吗？

Wǒ　děi　dǎgōng.
B：我　得　打工。

Shì　ma?　Zhēn　yíhàn!
A：是　吗？　真　遗憾！

Nǐ　yǒu　shénme　shìr　ma?
B：你　有　什么　事儿　吗？

Wǒ　xiǎng jiào nǐ　lái　wǒ　jiā　wánr.
A：我　想　叫　你　来　我　家　玩儿。

Zhēn　de?　Shénme　shíhou?　Xīngqī　yī　wǒ　bù　dǎgōng.
B：真　的？　什么　时候？　星期　一　我　不　打工。

Xīngqī yī ma?　Bù　hǎoyìsi,　xiànzài hái　shuōbuzhǔn　quèqiè　de
A：星期　一　吗？　不　好意思，　现在　还　说不准　确切　的

rìzi,　wǒ děi　ānpái　yíxià.
日子，　我　得　安排　一下。

Nà　nǐ　dìngle shíjiān zài
B：那　你　定了　时间　再

gàosu　wǒ　ba.
告诉　我　吧。

生词 shēngcí 新出単語 28

1. 暑假【名】shǔjià 夏休み、夏期休暇
2. 空【名】kòng 暇、手がすいている時
3. 打工【動】dǎgōng アルバイト（をする）
4. 遗憾【動】yíhàn 残念である、遺憾である
5. 事儿【名】shìr 用、用事、事
6. 叫【動】jiào （〜に〜）させる
7. 来【動】lái 来る
8. 玩儿【動】wánr 遊ぶ
9. 真的【形】zhēn de 本当、本当に
10. 时候【名】shíhou 時、時刻、時間
11. 不好意思 bù hǎoyìsi 気恥ずかしい、申し訳ない気持ち
12. 准【形】zhǔn 正確である、確かである
13. 确切【形】quèqiè 確実である、確かである
14. 日子【名】rìzi 日、期日
15. 安排【動】ānpái （物事を）都合よく処理する、手配する、段取りをする
16. 一下【助数】yíxià ちょっと（〜する）
17. 定【動】dìng 決める、決定する
18. 再【副】zài （〜して）それから
19. 告诉【動】gàosu 知らせる、告げる、教える

漢字の書き方に注意 jiǎntǐzì ※（ ）内は日本漢字

遗（遺） 准（準） 确（確） 诉（訴）

注释 zhùshì ポイント注釈

①疑問代名詞＋"〜吗？"

　中国語では、ふつうの疑問代名詞疑問文の文末には"吗"を用いないが、時として一つの文の中にこの二つの疑問形式が同時に現れることがある。この場合は、まず、聞き手に肯定か否定かの答えを求める。肯定の答えであれば、疑問代名詞の部分に対して続けて答える。否定の答えであれば、疑問代名詞の部分に対して答えることがない。日本語の「誰／何／どこ／いつなど、か〜か」に相当する。

{ A：星期天你去哪儿了？
{ B：星期天我去东京了。

日曜日にあなたはどこに行きましたか？
日曜日に私は東京に行きました。

{ A：星期天你去哪儿了吗？
{ B：不。／是的，星期天我去东京了。

日曜日にあなたはどこかに行きましたか？
いいえ。／はい、日曜日に私は東京に行きました。

{ A：暑假你想干什么？
{ B：暑假我想复习汉语。

夏休みにあなたは何がしたいですか？
夏休みに私は中国語が復習したいです。

{ A：暑假你想干什么吗？
{ B：不。／是的，暑假我想复习汉语。

夏休みにあなたは何かがしたいですか？
いいえ。／はい、夏休みに私は中国語が復習したいです。

◎你有什么事儿吗？ Nǐ yǒu shénme shìr ma?

②兼語文

中国語では、述語部分が二つ以上の動詞（句）からなる文のうち、前の動詞（句）の目的語が意味上、後の動詞（句）の表す動作や行為の主体（主語）となっている文を「兼語文」という。

兼語文の前の動詞には "请"、"叫"、"让 ràng" などの使役の意味を持つものが多く使われている。

| 他 | 请 | <u>我</u> | 来 | 日本。 | 彼は私を日本に招いてくれます。 |
| 老师 | 叫 | <u>我们</u> | 读 | 汉语杂志 了。 | 先生は私たちに中国語の雑誌を読ませました。 |

【兼語：目的語／主語】

主語①＋述語動詞①＋目的語①／主語②＋述語動詞②＋目的語②

◎我想叫你来我家玩儿。Wǒ xiǎng jiào nǐ lái wǒ jiā wánr.

③可能補語

中国語では、助動詞 "能" や否定形の "不能" を使わず、述語動詞と結果補語、または方向補語との間に構造助詞 "得 de"、或いは副詞 "不" を入れ、主観的・客観的条件から、ある種の動作を実現する能力や可能性があるかどうかを表すことができる。

"得" は肯定形「〜できる」で、否定形は "得" を "不" に入れ替え、「〜できない」という意味になる。これを「可能補語」という。反復疑問文は肯定形と否定形を並べる。

肯定形の可能補語の前に "能" や "可以" を加えて、動作の実現の可能性をさらに強調することもできる。

【例】怎样才能学好汉语? → 怎样才学得好汉语?

どうすれば中国語をマスターできますか?

| 【肯定形】 | 我 | 学 | 得 | 好 | 汉语。 | 私は中国語をマスターできます。 |
| | 我们 | 唱 | 得 | 完 | 老师教的中国歌。 | 私たちは先生が教えてくれた中国の歌を歌い終わることができます。 |

主語＋述語動詞＋"得"＋結果／方向補語＋目的語

| 【否定形】 | 我 | 学 | 不 | 好 | 汉语。 | 私は中国語をマスターできません。 |
| | 我们 | 唱 | 不 | 完 | 老师教的中国歌。 | 私たちは先生が教えてくれた中国の歌を歌い終わることができません。 |

主語＋述語動詞＋"不"＋結果／方向補語＋目的語

| 【反復疑問文】 | 你 | 学得好 | 学不好 | 汉语? | あなたは中国語をマスターできますか? |
| | 你们 | 唱得完 | 唱不完 | 老师教的中国歌? | あなたたちは先生が教えてくれた中国の歌を歌い終わることができますか? |

主語＋可能補語肯定形＋可能補語否定形＋目的語

◎现在还说不准确切的日子。Xiànzài hái shuōbuzhǔn quèqiè de rìzi.

④助数詞 "一下"

　"一下" が動詞の後に置かれ、動量補語になると、動作の回数を表すだけではなく、「試してみる」、「ちょっと～する」という意味にもなる。動作にかかる時間が短く、気軽なことを表す。

　"一下" を加えると、語気が柔らかく穏やかで、かつ丁寧になるため、人に何かを頼む時や、してもらう時によく用いる。

我	读	一下	今天的报纸。
你	来	一下	学校。

主語＋述語動詞＋"一下"＋目的語

私は今日の新聞をちょっと読みます。

あなたはちょっと学校に来てください。

◎我得安排一下。Wǒ děi ānpái yíxià.

练习　liànxí　練習

◇1．下線部を置き換えて練習しなさい。

　　1）我想叫你来我家玩儿。Wǒ xiǎng jiào nǐ lái wǒ jiā wánr.
　　　　　　吃饭
　　　　　　喝茶
　　　　　　帮忙 bāngmáng（手伝う）

 29

　　2）你定了时间再告诉我吧。Nǐ dìngle shíjiān zài gàosu wǒ ba.
　　　　　　通知 tōngzhī（知らせる）
　　　　　　约 yuē（誘う）
　　　　　　请（招待する、ごちそうする）

 30

◇2．次の諾否疑問文を反復疑問文にし、肯定と否定で答えなさい。

　　暑假你有空吗?

◇3．助数詞 "一下" を用いて、次の日本語を中国語に訳しなさい。

　　1）新出単語をちょっと聞きます。

　　2）図書館にちょっと行きます。

　　3）本文をちょっと訳します。

　　4）豆知識をちょっと読みます。

◇4．次の中国語を日本語に訳しなさい。

1）真遗憾！

2）不好意思。

3）我得打工。

4）我现在安排一下。

◇5．日本語の意味に合わせて、中国語を並べ替えなさい。

1）先生はあなたたちに学校へ中国語を復習に行ってもらいたいです。
（学校 想 汉语 去 老师 你们 复习 叫）

2）今日は、私は彼にまだ食事に来てもらう時間をはっきり言えません。
（饭 我 还 的 他 叫 今天 来 时间 说不准 吃）

◇6．【 】にある中国語を用いて、次の日本語を中国語に訳しなさい。

1）土曜日にあなたは何かを勉強しなければなりませんか。【什么】【吗】

2）夏休みにあなたたちはどこかに行きますか。【哪儿】【吗】

3）今私たちは何かをすることができますか。【什么】【吗】

4）あなたはいつか北京と上海に行きたいですか。【什么时候】【吗】

◇7．次の質問に中国語で答えなさい。

1）你在打工吗?

2）星期六、星期天你有空吗?

3）暑假你有没有空?

4）你现在有什么事儿吗?

5）你想不想去老师家玩儿?

6）你什么时候复习汉语?

【日本の遊園地・テーマパーク】 31

次の単語を発音し、漢字の意味をよく考えて、それが何かを当ててみよう。

東京迪士尼乐园 Dōngjīngdíshìnílèyuán
日本环球影城 Rìběnhuánqiúyǐngchéng
豪斯登堡 Háosīdēngbǎo
冒险大世界 Màoxiǎndàshìjiè
三丽欧彩虹公园 Sānlì`ōucǎihónggōngyuán

dòngnǎojīn
动脑筋

海のシルクロードの終着点・奈良から中国を知る 【大和郡山の金魚】

　奈良県大和郡山市は金魚の町として知られています。

　町を歩けば、至る所で金魚と出会うでしょう。金魚が町のシンボルとなり、町おこしに一役買っています。夏には恒例の全国金魚すくい選手権大会が開催されます。

　金魚の起源は今から約2000年前、中国・長江で発見された突然変異の赤いフナとされ、宮廷でも飼育されていたようです。長い年月をかけて交配を重ね、尾ビレなどの改良で次第に華やかな姿へと進化すると、金運をもたらす魚として「金魚」と名付けられました。

　日本には、室町時代に中国から渡来したというのが定説になっています。当時は高級品で貴族や富豪の間で飼われました。江戸時代中期になると、下級武士が内職として金魚の養殖を始めます。数多くの浮世絵に金魚が描かれていることから分かるように、江戸に金魚ブームが到来しました。幕末までには金魚ブームは江戸だけでなく、地方へと浸透していきます。

　現在、日本の三大金魚産地のひとつ、奈良県の大和郡山で金魚が養殖されたのは18世紀になってから。大和郡山の金魚は、藩主柳沢吉里の国替えに際して、旧領地の甲府から金魚を持参したのが最初でした。米の凶作続きで困っていた柳沢藩は、温暖な大和郡山で金魚の養殖に成功し、困窮した藩士や農民の生活を支えることになります。大和郡山には農業用のため池が数多くあり、そこに自然に発生するミジンコなどが金魚の餌となり、そのような条件にも恵まれ、金魚の養殖が盛んになったのです。昨今、金魚はアートとの結びつきが注目されています。中国から渡ってきた金魚という芸術品。日本人の感性と中国人の感性に共通するところがあることを金魚が教えてくれているようです。

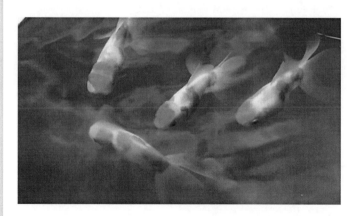

1．基本文型

1）二重目的語文④

　　◆我想问您一个问题。

2）兼語文⑤

　　◆我想叫你来我家玩儿。

2．テンスとアスペクト

1）動作の進行を表す "在～呢" ①

　　◆你在干什么呢?　　　　我在复习初级汉语呢。　　　我没（有）在复习初级汉语。

2）近い将来についての判断を表す "要～了" ①

　　◆我们要学习中级汉语了。

3）ある事柄や状況がすでに発生したことを表す語気助詞 "了" ②

　　◆今年寒假你干什么了?　　　我去北京留学了。　　　我没（有）去北京留学。

4）動作や行為の完了・完成を表すアスペクト助詞 "了" ②

　　◆去了多长时间?　　　去了一个多月。　　　没（有）去一个多月。

5）過去の経験を表すアスペクト助詞 "过" ②

　　◆我去过上海。

　　◆你以前去过北京吗?　　　从来没（有）去过。

3．補語

1）時量補語②

　　◆去了一个多月。

2）結果補語④

　　◆怎样才能学好汉语?　　　没（有）学好汉语。

　　◆不怕说错。

3）可能補語⑤

　　◆现在还说不准确切的日子。

4．疑問文

1）疑問代名詞"怎么"③

　　◆你每天怎么上学?

2）疑問代名詞＋"～吗?"⑤

　　◆你有什么事儿吗?

5．複文

1）累加関係を表す"不但～而且～"②

　　◆不但非常热闹，而且很有意思。

6．その他

1）助動詞"得"①

　　◆我还得努力学习。　　　我不用努力学习。

2）"从～到～"③

　　◆从你家到学校要多长时间?

3）副詞"就"③

　　◆七点左右就得出门。

4）副詞"才"④

　　◆怎样才能学好汉语?　　　　多听、多说、多读、多练习（才能学好汉语）。

5）副詞"别"④

　　◆别害羞。

6）助数詞"一下"⑤

　　◆我得安排一下。

【可持续发展目标】

中国語で SDG s を

日本語をもとに中国語を学びましょう。
まずピンインを書き入れてみよう。

无贫穷

在全世界消除一切形式的贫困。

零饥饿

消除饥饿，实现粮食安全，改善营养状况和促进可持续农业。

良好健康与福祉

确保健康的生活方式，促进各年龄段人群的福祉。

优质教育

确保包容和公平的优质教育，让全民终身享有学习机会。

性别平等

实现性别平等，增加所有妇女和女童的权能。

清洁饮水和卫生设施

为所有人提供水和环境卫生并对其进行可持续管理。

经济适用的清洁能源

确保人人获得负担得起的、可靠和可持续的现代能源。

体面工作和经济增长

促进持久、包容和可持续经济增长，促进充分的生产性就业和人人获得体面工作。

产业、创新和基础设施

建造具备抵御灾害能力的基础设施，促进具有包容性的可持续工业化，推动创新。

减少不平等

减少国家内部和国家之间的不平等。

可持续城市和社区

建设包容、安全、有抵御灾害能力和可持续的城市和人类住区。

负责任消费和生产

采用可持续的消费和生产模式。

气候行动

采取紧急行动应对气候变化及其影响。

水下生物

保护和可持续利用海洋和海洋资源以促进可持续发展。

陆地生物

保护、恢复和促进可持续利用陆地生态系统，可持续管理森林，防止荒漠化，制止和扭转土地退化，遏制生物多样性的丧失。

和平、正义与强大机构

创建和平、包容的社会以促进可持续发展，让所有人都能诉诸司法，在各级建立有效、负责和包容的机构。

促进目标实现的伙伴关系

加强执行手段，重振可持续发展全球伙伴关系。

第6课 Dì liù kè

あなたの携帯電話は？

你的手机呢？ Nǐ de shǒujī ne?

课文 kèwén 本文 32 33

Nǐ de shǒujī li shèzhìzhe shénme bìzhǐ?
A：你 的 手机 里 设置着 什么 壁纸？

Wǒ hé nǚ péngyou de héyǐng.
B：我 和 女 朋友 的 合影。

Ràng wǒ kànkan. Nǐ nǚ péngyou zhēn piàoliang a.
A：让 我 看看。 你 女 朋友 真 漂亮 啊。

Xī xī. Nǐ de shǒujī ne?
B：嘻 嘻。 你 的 手机 呢？

Wǒ de shǒujī bìzhǐ shì dàxióngmāo, dàn gāngcái bèi lǎoshī
A：我 的 手机 壁纸 是 大熊猫， 但 刚才 被 老师

mòshōu le.
没收 了。

Wèi shénme a?
B：为 什么 啊？

Nǐ cāicai.
A：你 猜猜。

Yīnwèi nǐ shàngkè wán
B：因为 你 上课 玩

yóuxì le ba?!
游戏 了 吧?!

44

生词 shēngcí 新出単語 34

1. 手机【名】shǒujī 携帯電話
2. 设置【動】shèzhì 設置する、設定する
3. 着【助】zhe （〜に）〜ている／ある、
　　　　　　　〜ていた／あった
4. 壁纸【名】bìzhǐ 壁紙
5. 和【接続】hé 〜と
6. 合影【名】héyǐng ツーショット、2人以上の人
　　　　　　　が一緒に写っている写真
7. 让【動】ràng （〜に〜）させる
8. 看【動】kàn 見る
9. 漂亮【形】piàoliang きれい、美しい
10. 嘻【擬音】xī エヘヘ（笑う声）
11. 大熊猫【名】dàxióngmāo パンダ
12. 刚才【副】gāngcái 先ほど

13. 被【前置】bèi 〜に、〜から（〜される、〜ら
　　　　　　　れる）
14. 没收【動】mòshōu 没収（する）、取り上げる
15. 为什么【代】wèi shénme どうして、なぜ
16. 猜【動】cāi （なぞや答えなどを）当てる、
　　　　　　　当てようとする、推量する
17. 因为【接続】yīnwèi 〜なので、〜だから、
　　　　　　　〜のために
18. 上课【動】shàngkè 授業をする、授業に出る、
　　　　　　　授業が始まる、授業を始め
　　　　　　　る
19. 游戏【名】yóuxì ゲーム
20. 吧【助】ba 〜でしょう（文末につけて疑問や
　　　　　　　推量の意を表す）

漢字の書き方に注意 jiǎntǐzi ※（ ）内は日本漢字

机(機) 设(設) 置(置) 让(讓) 亮(亮) 刚(剛) 收(収) 为(為) 戏(戲)

注释 zhùshì ポイント注釈

① アスペクト助詞 "着"

　"着 zhe" は存在文に用いて、動詞の後に置かれ、ある状態が持続して
いること、或いは持続していたことを表す。日本語には「（〜に）〜て
いる／ある」、「（〜に）〜ていた／あった」と訳す。否定形は動詞の前
に "没(有)" を加えて、"着" はそのまま残し、「"没(有)"＋動詞＋"着"＋
事物／人」となる。

【肯定形】图书馆里　放 fàng　着　杂志、报纸什么的。　　図書館の中に雑誌、新聞などが
　　　　　食堂里　　坐　　着　二十个学生。　　　　　　置いてあります。
　　　　　主語(場所)＋述語動詞＋"着"＋目的語(事物／人)　　食堂の中に20人の学生が座って
　　　　　　　　　　　　　　　　　　　　　　　　　　　　います。
【否定形】图书馆里　没(有)　　放　　着　杂志、报纸什么的。　図書館の中に雑誌、新聞などが
　　　　　食堂里　　没(有)　　坐　着　学生。　　　　　　　置いてありません。
　　　　　主語(場所)＋"没(有)"＋述語動詞＋"着"＋目的語(事物／人)　食堂の中に学生が座っていませ
　　　　　　　　　　　　　　　　　　　　　　　　　　　　ん。

◎你的手机里设置着什么壁纸？ Nǐ de shǒujī li shèzhìzhe shénme bìzhǐ?
◎我的手机里设置着我和女朋友合影的壁纸。
　　　　　　Wǒ de shǒujī li shèzhìzhe wǒ hé nǚ péngyou héyǐng de bìzhǐ.
◎我的手机里没(有)设置着我和女朋友合影的壁纸。
　　　　　Wǒ de shǒujī li méi(yǒu) shèzhìzhe wǒ hé nǚ péngyou héyǐng de bìzhǐ.

②前置詞 "被" を用いる文（受身文）

　"被 bèi" の後に、動作の施事者（仕手）を導き、受身を表す。"被" を用いる文の主語は文頭にあり、動作の受動者（受け手）である。また "被" の後に動作の施事者（仕手）を省略することもできる。日本語の「〜に／〜から（〜される／〜られる）」に相当する。否定副詞、助動詞などがある時は、"被" の前に置く。

【肯定形】麻婆茄子　　被　（我）　　吃完 了。

　マーボ茄子は(私に)全部食べられてしまいました。

　　　　　老师　　　　被　（学生）问了　　　很多问题。

　先生は(学生に)たくさんの質問をされました。

　　主語(受動者)＋"被"＋(施事者)＋述語動詞＋目的語

【否定形】麻婆茄子　没(有)　被　（我）　　吃完。

　マーボ茄子は(私に)全部食べられていません。

　　　　　老师　　　没(有)　被　（学生）问　　　很多问题。

　先生は(学生に)たくさんの質問をされていません。

　　主語(受動者)＋否定副詞＋"被"＋(施事者)＋述語動詞＋目的語

◎手机刚才被老师没收了。Shǒujī gāngcái bèi lǎoshī mòshōu le.
◎手机没(有)被老师没收。Shǒujī méi(yǒu) bèi lǎoshī mòshōu.

③動詞の重ね型

　動詞を重ねると、「試してみる」、「ちょっと〜する」という意味になる。動作にかかる時間が短く、気軽なことや軽やかな気分、気楽な感じなどを表す。ただし、一音節動詞の場合、後の動詞は軽声になる。二音節動詞の場合、第二と第四音節の動詞は軽声になる。

　動量補語の "一下" と同じく、動詞の重ね型を使うと、語気が柔らかく穏やかで、かつ丁寧になるため、人に何かを頼む時や、してもらう時によく用いる。

【例】吃 日本菜 → 吃吃 日本菜

　日本料理をちょっと食べる

　　　学 中国歌 → 学学 中国歌

　中国の歌をちょっと習う

　　　复习 英语 → 复习复习 英语

　英語をちょっと復習する

　　　练习 发音 → 练习练习 发音

　発音をちょっと練習する

他 想来 东京 坐坐 地铁。
我 每天早上 喝喝 咖啡，吃吃 面包，看看 报纸。

　彼は東京に来て、ちょっと地下鉄に乗ってみたいです。

　私は毎朝コーヒーを飲んだり、パンを食べたり、新聞を読んだりします。

◎让我看看。Ràng wǒ kànkan.
◎你猜猜。Nǐ cāicai.

④語気助詞 "吧"

　"吧" は文末につけると疑問や推量、或いは相談、提案、勧誘、依頼、要求、命令などの意を表し、語気を和らげる。日本語には「〜でしょうか」、「〜しましょう」、「〜してください」と訳す。

1）疑問や推量の意を表す。「〜でしょうか」
　他们是留学生吧?

　彼らは留学生でしょうか?

　　你有手机吧?

　あなたは携帯電話を持っているでしょう?

2）主語は"我们"、"咱们"を用いて、相談、提案、勧誘の意を表す。「〜しましょう」

我们一起去唱卡拉 OK 吧。

咱们下午去图书馆看书吧。

私たちは一緒にカラオケへ歌いに行きましょう。

私たちは午後に図書館へ本を読みに行きましょう。

3）主語は"你"、"你们"を用いて、依頼、要求、命令の意を表すが、しばしば主語が省略される。「〜してください」

你努力学习吧！

（请)加油吧！

あなたは一生懸命勉強してください！

頑張って！

◎你上课玩游戏了吧?! Nǐ shàngkè wán yóuxì le ba?!

练习 liànxí 練習

◇1．下線部を置き換えて練習しなさい。

1）你的手机里设置着什么壁纸？ Nǐ de shǒujī li shèzhìzhe shénme bìzhǐ?
　　台式电脑 táishì diànnǎo（デスクトップパソコン）
　　笔记本电脑 bǐjìběn diànnǎo（ノートパソコン）
　　平板电脑 píngbǎn diànnǎo（タブレット）

35

2）被老师没收了。Bèi lǎoshī mòshōu le.
　　爸爸 bàba
　　妈妈 māma
　　教练 jiàoliàn（監督、コーチ）

36

◇2．動詞の重ね型を用いて、次の日本語を中国語に訳しなさい。

1）ちょっと中国料理を食べます。

2）ちょっと日本茶を飲みます。

3）ちょっと英語の歌を歌います。

4）ちょっと中国語を練習します。

5）ちょっと先生に聞きます。

◇3．次の中国語を日本語に訳しなさい。

1）你猜猜。

2）让我看看。

3）你的手机呢?

4）你女朋友真漂亮啊。

◇4．日本語の意味に合わせて、中国語を並べ替えなさい。

1）あなたのボーイフレンドのパソコンに何の壁紙をしていますか。
（里　什么　电脑　男朋友　着　壁纸　的　你　设置）

2）彼の携帯電話がさっき英語先生に取り上げられてしまいました。
（被　手机　英语　他　了　没收　老师　的　刚才）

◇5．語気助詞 "吧" を用いて、次の日本語を中国語に訳しなさい。

1）あなたたちは大学生でしょうか。

2）私たちは一緒に遊びましょう。

3）（あなたは）言ってください。

◇6．次の質問に中国語で答えなさい。

1）你有没有手机?

2）你的手机里设置着什么壁纸吗?

3）你上课玩没玩过游戏?

4）你的手机被没收过吗?

5）你有和朋友一起的合影吗?

6）你有没有女朋友／男朋友?

【日本アニメ映画の主人公】 37
次の単語を発音し、漢字の意味をよく考えて、それが何かを当ててみよう。

娜乌西卡　Nàwūxīkǎ
希达　Xīdá
草壁米　Cǎobìmǐ
琪琪　Qíqí
幽灵公主　Yōulínggōngzhǔ

海のシルクロードの終着点・奈良から中国を知る 【飛火野のナンキンハゼ】

世界遺産・春日大社。その境内である飛火野（とびひの）と呼ばれる場所は、表参道に面した広大な空間。芝生が広がり、神様のお使いと伝えられている野生の鹿が芝生を食（は）み、一年を通してのどかな雰囲気に包まれています。現在は飛火野と呼ばれていますが、古くは春日野（かすがの）とも呼ばれ、春日大社の神山・御蓋山（みかさやま）を遠くに仰ぐ古代祭祀の地でした。この場所から見る御蓋山が最も美しいという人はとても多く、休日ともなれば、市民の憩いの場所となります。

そんな歴史ある飛火野の中心に一本の大きな木があります。秋になれば真っ先に紅葉し、私たちの目を楽しませてくれます。観光客や奈良の人たちに愛されているその木は「ナンキンハゼ」。中国からやって来た木です。ナンキンハゼは中国の中南部を原生地とし、江戸時代に種子から蝋を採る木として長崎に渡ったものが、後に街路や公園で植えられるようになりました。日本の在来種ではない中国生まれのナンキンハゼが春日大社の境内で大きく育ち、たくさんの人々に愛されて、秋になればその見事な紅葉を求めて観光客で賑わいます。シルクロードの東の終着地である奈良で、中国生まれの木が育ち人々に愛されているのです。文化や仏教がシルクロードを通って日本へ渡り、日本人に受け入れられ、さらに発展を遂げたという物語とこのナンキンハゼの大木が重なって見えます。

このように奈良で愛されている幾つもの風景には中国との深いつながりがあり、物語があります。

第7課 Dì qī kè

他汉语教得怎么样？ Tā Hànyǔ jiāode zěnmeyàng?

课文 kèwén 本文 38　39

Nǐmen de Hànyǔ lǎoshī shì Zhōngguórén háishi Rìběnrén?
A：你们 的 汉语 老师 是 中国人 还是 日本人？

Shì Zhōngguórén, búguò lái Rìběn yǐjing hěn duō nián le.
B：是 中国人， 不过 来 日本 已经 很 多 年 了。

Tā Hànyǔ jiāode zěnmeyàng?
A：他 汉语 教得 怎么样？

Jiāode búcuò.
B：教得 不错。

Duì nǐmen yángé ma?
A：对 你们 严格 吗？

Tǐng yángé de. Měi cì dōu ràng wǒmen dú hǎo jǐ biàn shēngcí、
B：挺 严格 的。每 次 都 让 我们 读 好 几 遍 生词、

kèwén, hái yào bèisòng ne.
课文，还 要 背诵 呢。

Nà nǐmen yídìng jìnbù hěn kuài.
A：那 你们 一定 进步 很 快。

Shì a, duōkuī lǎoshī de xīxīn
B：是 啊，多亏 老师 的 悉心

zhǐdǎo.
指导。

生词 shēngcí 新出単語 40

1. 还是【接続】háishi それとも
2. 已经【副】yǐjing すでに、もはや、もう
3. 得【助】de （動詞や形容詞の後に用い、程度や可能を表す補語を導く）
4. 不错【形】búcuò いい、よい、悪くない
5. 对【前置】duì 〜に対して（対人関係や対人態度を表す）
6. 严格【形】yángé 厳しい、厳格である
7. 挺〜的 tǐng〜de とても、かなり、なかなか
8. 次【助数】cì 回、度
9. 好【副】hǎo ずいぶん、なん〜も（数量フレーズや時量詞の前に置き、数量の多いことや時間の長いことを強調する）

10. 遍【助数】biàn 回、へん（はじめからおわりまで一通り）
11. 生词【名】shēngcí 新しい単語、新出単語、知らない単語
12. 课文【名】kèwén 教科書中の本文
13. 要【助動】yào 〜しなければならない、〜する必要がある
14. 背诵【動】bèisòng 暗唱する
15. 呢【助】ne （事実を相手に確認させる。やや誇張の語調を含む）
16. 进步【動】jìnbù 進歩（する）
17. 快【形】kuài （速度が）速い
18. 多亏【副】duōkuī 〜のおかげである、幸いに
19. 悉心【形】xīxīn 心を尽くす、心を集中する
20. 指导【動】zhǐdǎo 指導（する）、導く

漢字の書き方に注意 jiǎntǐzì ※（　）内は日本漢字

经（経）对（対）严（厳）词（詞）诵（誦）进（進）步（歩）导（導）

注释 zhùshì ポイント注釈

①接続詞 "还是" を用いる選択疑問文

　二つの違う事物や人、または動作から、相手に「AかそれともBか」とそのうちの一つの答えを選択させる疑問文のことを「選択疑問文」という。AとB二つの事柄の間に接続詞 "还是 háishi" を入れて、文末に "吗" は加えない。

今天 星期一 还是 星期二?
今日は月曜日ですか、それとも火曜日ですか？

汉语 难　　还是 英语 难?
中国語が難しいですか、それとも英語が難しいですか？

他 去　　还是 不 去?
彼は行きますか、それとも行きませんか？

你 吃 米饭 还是 吃 面包?
あなたはご飯を食べますか、それともパンを食べますか？

A + "还是" + B

◎你们的汉语老师是中国人还是日本人?
　　　　　　　Nǐmen de Hànyǔ lǎoshī shì Zhōngguórén háishi Rìběnrén?

（×）你们的汉语老师是中国人还是日本人吗?
※文末に "吗" をつけたため。

②主述述語文

述語が主述フレーズで構成されて、主語について描写や説明を行っている文を「主述述語文」という。いわゆる日本語の「象は鼻が長い」の文型である。

文全体の主語を「大主語」と呼び、述語の主述フレーズを「大述語」と呼び、主述フレーズの中の主語と述語をそれぞれ「小主語」、「小述語」と呼ぶ。

她　　　　学习 用功。 — 彼女は勉強に一生懸命です。
中国的大学 学生 多，图书馆 漂亮，食堂 大。 — 中国の大学は学生が多くて、図書館がきれいで、食堂が大きいです。
　　　大主語＋大述語(小主語＋小述語)

◎他汉语教得怎么样? Tā Hànyǔ jiāode zěnmeyàng?

③程度補語

述語動詞や形容詞の後にあって、動作や状態が到達した程度を補足説明する文成分のことを「程度補語」という。動詞や形容詞の後に程度補語を導く構造助詞 "得" を用いて、動作の行われ方がどうなのか（〜するのが〜／〜のしかたが〜）を説明する。否定形は "不" を "得" と程度補語との間に置き、反復疑問文は "得" の後の補語の部分に肯定形と否定形を並べる。簡単な程度補語にはよく形容詞が用いられる。

程度補語が比較を表さない肯定文の場合、形容詞は単独で用いず、ふつう形容詞の前に "很" などの程度副詞を加える。

【例】 说(汉语)：その話し方が速い場合 → 说 快(×)

【肯定形】说　　得　　快 — 話すのが速い
　　　　述語動詞＋"得"＋程度補語
老师　　说　　汉语　　说　　得　　很 快。 — 先生は中国語を話すのが速いです。
他 中午 吃　饭　　吃　　得　　很 多。 — 彼は昼にご飯を食べるのが多いです。→彼は昼にご飯をたくさん食べます。
　　主語＋述語動詞＋目的語＋述語動詞＋"得"＋程度補語

【否定形】说　　得　　不　　快 — 話すのが速くない
　　　　述語動詞＋"得"＋"不"＋程度補語
老师　　说　　汉语　　说　　得　　不　　快。 — 先生は中国語を話すのが速くありません。
他 中午 吃　饭　　吃　　得　　不　　多。 — 彼は昼にご飯を食べるのが多くありません。→彼は昼にご飯をそれほどたくさん食べません。
　　主語＋述語動詞＋目的語＋述語動詞＋"得"＋"不"＋程度補語

【反復疑問文】说　　得　　快　　　　不快? — 話すのが速いか
　　　　述語動詞＋"得"＋程度補語肯定形＋程度補語否定形
老师　　说　　汉语　　说　　得　　快　　　　不快? — 先生は中国語を話すのが速いですか？
他 中午 吃　饭　　吃　　得　　多　　　　不多? — 彼は昼にご飯を食べるのが多いですか？→彼は昼にご飯をたくさん食べますか？
　　主語＋述語動詞＋目的語＋述語動詞＋"得"＋程度補語肯定形＋程度補語否定形

◎他汉语教得怎么样？ Tā Hànyǔ jiāode zěnmeyàng?

◎他汉语教得不错。Tā Hànyǔ jiāode búcuò.

◎他汉语教得好不好？ Tā Hànyǔ jiāode hǎo bu hǎo?

◎他汉语教得很好。Tā Hànyǔ jiāode hěn hǎo.

◎他汉语教得不好。Tā Hànyǔ jiāode bù hǎo.

④動量補語

述語動詞の後に置かれ、動作や変化の回数を表す数量フレーズのことを「動量補語」という。よく見られる動作や変化の回数を表す助数詞には "次"、"遍"、"下（回、度）" などがある。

我	听了	五次	英语课。
你们	唱	一遍	日本国歌。

主語＋述語動詞＋動量補語＋目的語

私は英語の授業を5回聞きました。

あなたたちは日本の国歌を1回歌ってください。

◎每次都让我们读好几遍生词、课文。

　　　　Měi cì dōu ràng wǒmen dú hǎo jǐ biàn shēngcí、kèwén.

练习 liànxí 練習

◇1. 下線部を置き換えて練習しなさい。

1) 你们的汉语老师是中国人还是日本人？

 41

　　　　　Nǐmen de Hànyǔ lǎoshī shì Zhōngguórén háishi Rìběnrén?

董事长 dǒngshì zhǎng（会長）

总经理 zǒng jīnglǐ（社長）

厂长 chǎng zhǎng（工場長）

2) 他汉语教得怎么样？ Tā Hànyǔ jiāode zěnmeyàng? 42

学

说

翻译 fānyì（訳す）

◇2. 次の諾否疑問文を反復疑問文にし、肯定と否定で答えなさい。

对你们严格吗？

◇3. 次の単語を用いて、1）～5）の日本語を参照し、選択疑問文を作りなさい。

现在	乌龙茶	杂志	两点	图书馆	读	游戏	食堂
一点	去	报纸	卡拉 OK	咖啡	喝	有意思	

1) コーヒーを飲みますか、それともウーロン茶を飲みますか。

2) 今は1時ですか、それとも2時ですか。

3) 図書館に行きますか、それとも食堂に行きますか。

4）ゲームが面白いですか、それともカラオケが面白いですか。

5）新聞を読みますか。それとも雑誌を読みますか。

◇4．助数詞 "遍" を用いて、次の日本語を中国語に訳しなさい。

1）私たちは2回読みます。

2）あなたは1回言ってください。

◇5．次の中国語を日本語に訳しなさい。

1）教得不错。

2）挺严格的。

3）还要背诵呢。

4）来日本已经很多年了。

◇6．日本語の意味に合わせて、中国語を並べ替えなさい。

1）彼女は毎回授業中に、学生に新出単語と本文を1回聞かせます。
（上课　遍　学生　听　都　和　生词　每　一　课文　让　她　次）

2）私が今日あるのは父と母の心を尽くした指導のおかげです。
（妈妈　指导　今天　多亏　爸爸　有　和　悉心　的　我）

◇7．次の質問に中国語で答えなさい。

1）你们的汉语老师是中国人还是日本人？

2）他（她）汉语教得怎么样？

3）你汉语学得怎么样？

4）你背诵生词、课文吗？

5）你学汉语进步快不快？

6）你想和中国人练习说汉语吗？

dòngnǎojīn
动脑筋

【水産物】 43

次の単語を発音し、漢字の意味をよく考えて、それが何かを当ててみよう。

帝王蟹　dìwángxiè
龙虾　lóngxiā
扇贝　shànbèi
海胆　hǎidǎn
金枪鱼　jīnqiāngyú

54

海のシルクロードの終着点・奈良から中国を知る　【般若寺】

　奈良市北部にある般若寺は「コスモス寺」と呼ばれ、花の寺として若い人にも人気があります。石仏に寄り添って咲く秋のコスモス、誰もが名カメラマンになれるでしょう。

　そんな般若寺の創建は飛鳥時代で、高句麗の僧によって開かれたとされています。

　般若寺は平城京の鬼門の方角にあり、聖武天皇が都の平安を願って大般若経を納められたことから、般若寺とよばれるようになったと伝えられています。

　平安末期の源平争乱での「南都焼き討ち」で、般若寺はそのすべてを焼失しましたが、後に再建されます。鎌倉時代、明州（浙江省寧波）出身で東大寺再建のため、重源上人に招かれて来日していた宋の石工・伊行末（いぎょうまつ）

によって、高さ14メートルの般若寺十三重石塔が再建されます。日本の固い花崗岩を使って造られたこの石塔の初層には、四方に阿弥陀如来（西）、釈迦如来（南）、薬師如来（東）、弥勒菩薩（北）が彫られています。当時の日本には優れた石工の技術が伝承されていなかったのでしょうか。伊の子孫は寺の復興後も日本に残り、磨崖仏などの作品を数多く残しています。

　そして、時代を経て石工の技術は現代の奈良に受け継がれています。石工の左野勝司さんは、歴史的な巨石に挑み続けられました。石舞台古墳の復元、高松塚古墳石棺の解体、モアイ像の復元など、中国から伝わった石工の技術が、現代にまで受け継がれ、さらに世界へ。シルクロードを遥か超越して繋がっているのです。

第8课 Dì bā kè

中国語をあなたは
何年勉強していますか？

汉语你学了几年了？ Hànyǔ nǐ xuéle jǐ nián le?

课文 kèwén 本文

 44 45

Hànyǔ nǐ xuéle jǐ nián le?
A：汉语 你 学了 几 年 了？

Wǒ dàgài xuéle liǎng nián le.
B：我 大概 学了 两 年 了。

Jìnbù dà bu dà?
A：进步 大 不 大？

Zěnme shuō ne? Hái kěyǐ ba.
B：怎么 说 呢？ 还 可以 吧。

Nà Zhōngguó de guǎnggào nǐ yídìng kàndedǒng ba?
A：那 中国 的 广告 你 一定 看得懂 吧？

Wǒ cónglái méi kànjiànguo Hànyǔ guǎnggào, yě bù zhīdao kàndedǒng
B：我 从来 没 看见过 汉语 广告， 也 不 知道 看得懂

kànbudǒng.
看不懂。

Shì ma? Nàme xià ge xīngqī wǒ dài yìxiē lai gěi nǐ kànkan ba.
A：是 吗？ 那么 下 个 星期 我 带 一些 来 给 你 看看 吧。

Hǎo de, ràng wǒ liǎojiě yíxià Zhōngguó de guǎnggào gēn Rìběn de
B：好 的， 让 我 了解 一下 中国 的 广告 跟 日本 的

bù tóng zhī chù.
不 同 之 处。

生词 shēngcí 新出単語 46

1. 大【形】dà 大きい
2. 可以【形】kěyǐ まずまずよろしい、そう悪くない、まあまあ
3. 广告【名】guǎnggào 広告、コマーシャル、CM
4. 懂【動】dǒng 分かる、理解する
5. 看见【動】kànjiàn 目に入る、見える
6. 也【副】yě ～も
7. 知道【動】zhīdao （事実を）知っている、（～が）分かる
8. 那么【接続】nàme それでは、それじゃ
9. 下【名】xià （時間をさす）次の

10. 带【動】dài 持つ
11. 一些【助数】yìxiē 少し、いくつかの、いくらかの
12. 给【前置】gěi ～に
13. 好【形】hǎo よろしい、はい（同意、承諾を表す）
14. 了解【動】liǎojiě 理解する、分かる、知る
15. 跟【接続】gēn ～と
16. 同【形】tóng 同じである
17. 之【助】zhī の
18. 处【名】chù ところ

漢字の書き方に注意 jiǎntǐzì ※（ ）内は日本漢字

广（広） 见（見） 给（給） 解（解） 处（処）

注释 zhùshì ポイント注釈

①前置目的語文

　中国語では通常、主語は必ず述語の前に置き、目的語は必ず動詞述語の後に置くが、目的語を強調したい時や、目的語が比較的複雑な時は、述語動詞の前に、または主語の前に持ってくることができる。この構文を「前置目的文」という。その場合、目的語は主語になる。

我 吃 中国菜。	→	中国菜 我 吃。
我 不吃 日本菜。	→	日本菜 我 不吃。
他 学 英语。	→	英语 他 学。
他 不学 汉语。	→	汉语 他 不学。

主語＋述語＋目的語 　→　（目的語）＋主語＋述語
↓
主語＋（主語＋述語）主述述語

私は中華料理を食べます。
→中華料理を私は食べます。

私は日本料理を食べません。
→日本料理を私は食べません。

彼は英語を学びます。
→英語を彼は学びます。

彼は中国語を学びません。
→中国語を彼は学びません。

◎汉语你学了几年了？ Hànyǔ nǐ xuéle jǐ nián le?
◎中国的广告你一定看得懂吧？

　　　　　Zhōngguó de guǎnggào nǐ yídìng kàndedǒng ba?

②アスペクト助詞 "了" ＋語気助詞 "了"

　"了" が一つの文の文中と文末の両方にあり、またその文に時間・期間や動作の量を表す言葉がつくと、会話の時点までその動作や結果が続いているという意味になる。

他	玩儿	了	两个小时		游戏	了。
我	教	了	四十年		汉语	了。
学生	读	了	三遍		生词	了。

主語＋動詞＋ "了" ＋動作の時間（期間）・動作量＋目的語＋ "了"
　　　（アスペクト）　　　　　　　　　　　　　　（語気）

彼はゲームを2時間遊んでいます。

私は中国語を40年間教えています。

学生は新出単語を3回読んでいます。

◎汉语你学了几年了?　Hànyǔ nǐ xuéle jǐ nián le?
◎我大概学了两年了。Wǒ dàgài xuéle liǎng nián le.

③方向補語

　動詞 "来" や "去" は別の動詞の後に置かれて補語となり、動作や行為に関わる人や事物の移動する方向を表す。この "来" や "去" のことを「方向補語」という。"来" は動作の方向が話し手へ向かうことを表し、"去" は動作の方向が話し手から遠ざかることを表す。

【例】（带女朋友）

| 我 | 带 | 女朋友 | 来。 | / | 我 | 带 | 女朋友 | 去。 |

（坐地铁）

| 他们 | 坐 | 地铁 | 来。 | / | 他们 | 坐 | 地铁 | 去。 |

主語＋動詞＋目的語＋ "来" ／ 主語＋動詞＋目的語＋ "去"
　【話し手へ向かう】　　　【話し手から遠ざかる】

私はガールフレンドを連れてきます。／私はガールフレンドを連れていきます。

彼らは地下鉄に乗ってきます。／彼らは地下鉄に乗っていきます。

◎下个星期我带一些来给你看看吧。
　　　　　　　　　　　Xià ge xīngqī wǒ dài yìxiē lai gěi nǐ kànkan ba.

④前置詞 "给"

　"给 gěi" は物や伝達を受け取る者を導く。「"给" ＋名詞／代名詞」の形で、動詞の前に用いて、「AはBに～をしてあげる」、「AはBに～をしてくれる」という意味を表す。

| 他 | 给 | 妈妈 | 读 | 报纸。 |
| 杨老师 | 给 | 我 | 说 | 学校的事儿。 |

主語＋ "给" ＋名詞／代名詞＋動詞＋目的語

彼は母親に新聞を読んであげます。

楊先生は私に学校のことを話します。

◎下个星期我带一些来给你看看吧。
　　　　　　　　　　　Xià ge xīngqī wǒ dài yìxiē lai gěi nǐ kànkan ba.

◇1．下線部を置き換えて練習しなさい。

　1）中国的广告你一定看得懂吧？ Zhōngguó de guǎnggào nǐ yídìng kàndedǒng ba?
　　　　杂志
　　　　报纸
　　　　新闻 xīnwén（ニュース）

 47

　2）下个星期我带一些来给你看看。Xià ge xīngqī wǒ dài yìxiē lai gěi nǐ kànkan.
　　　　　听听
　　　　　玩玩
　　　　　尝尝 chángchang（ちょっと味わう）

48

◇2．次の反復疑問文を諾否疑問文にし、肯定と否定で答えなさい。

　　进步大不大？

◇3．"了～了" を用いて、次の日本語を中国語に訳しなさい。

　1）英語のニュースを5日間見ています。

　2）地下鉄に1時間乗っています。

　3）日本語を2回暗唱しています。

　4）病院に3回行っています。

◇4．次の中国語を日本語に訳しなさい。

　1）怎么说呢？

　2）还可以吧。

　3）进步大不大？

　4）不知道看得懂看不懂。

◇5．日本語の意味に合わせて、中国語を並べ替えなさい。

　1）中国語を私はおよそ20数年間教えています。
　　（大概　了　我　年　教　汉语　二十　了　多）

　2）私たちに日本の携帯電話と中国のとの違いが少し分かるように教えてください。
　　（处　一下　的　我们　手机　不同　了解　日本　跟　之　让　中国）

◇6．次の質問に中国語で答えなさい。

1）汉语你学了几年了?

2）你看见过中国的报纸、杂志吗?

3）日本的报纸、杂志上有没有广告?

4）你看不看广告?

5）你看得懂英语书吗?

6）你知道东京大学在哪儿吗?

【小型電気製品】 49

次の単語を発音し、漢字の意味をよく考えて、それが何かを当ててみよう。

负离子吹风机　fùlízǐchuīfēngjī
自动剃须刀　zìdòngtìxūdāo
香薰机　xiāngxūnjī
电饭煲　diànfànbāo
空气净化器　kōngqìjìnghuàqì

海のシルクロードの終着点・奈良から中国を知る　【唐招提寺蓮】

奈良時代、苦難の末に日本へ渡り、仏教の戒律を伝えた唐の高僧・鑑真和上。

5回の渡航に失敗し、6回目にしてようやく日本へ辿り着きます。鑑真和上が遣唐使船で命をかけてまで日本へ持ち込んだのは仏教に関するものだけではありません。

仏教の経典や仏像、三千粒の仏舎利（入滅した釈迦が茶毘に付された際の遺骨）などのほか、日本に初めて砂糖を伝えたのも鑑真和上だといわれています。唐招提寺では最近になり薬草園が整備されていますが、鑑真和上が中国から60種類の薬草を伝えたと記録に残っています。鑑真和上は唐の最先端の文物を大量に日本に持ち込んでいました。その中で驚くべきものがあります。それは「蓮（はす）」。なんとその蓮は今も7月になれば唐招提寺で花を咲かせているのです。奈良時代に鑑真和上によって唐から遣唐使船で運ばれた蓮が悠久の時を越えて命を繋いでいるのです。

鑑真和上将来とされる蓮は、赤で八重の「唐招提寺蓮」と青帯色で一重の「唐招提寺青蓮」が知られています。蓮は鉢で育てられ、唐招提寺の僧侶が植え替えなどの世話をしています。鑑真和上から受け継いだ蓮を大切に育てているのです。長くしなやかな茎に大きな花を咲かせる蓮。風雨に耐えながら懸命に咲く様子を見ていると、幾多の困難を乗り越えながらも志を貫き、日本で正しい仏教を伝え、日本の発展を支えた鑑真和上の生き様をみているような気持ちになります。

第9课 Dì jiǔ kè

打工的时间跟原来一样吗? Dǎgōng de shíjiān gēn yuánlái yíyàng ma?

アルバイトの時間は
以前と同じですか?

课文 kèwén 本文

 50 51

Nǐ zuìjìn hái zài fàndiàn li dǎgōng ma?
A：你 最近 还 在 饭店 里 打工 吗?

Bù dǎ le.
B：不 打 了。

Nǐ huàn gōngzuò le?
A：你 换 工作 了?

Duì, wǒ qù dāng jiātíng jiàoshī le.
B：对, 我 去 当 家庭 教师 了。

Dāng jiātíng jiàoshī de bàochou bǐ zài fàndiàn li dǎgōng gāo ba?
A：当 家庭 教师 的 报酬 比 在 饭店 里 打工 高 吧?

Shì de, bìngqiě méiyǒu zài fàndiàn li dǎgōng nàme lèi.
B：是 的, 并且 没有 在 饭店 里 打工 那么 累。

Dǎgōng de shíjiān gēn yuánlái yíyàng ma?
A：打工 的 时间 跟 原来 一样 吗?

Dāngrán yě bù yíyàng le.
B：当然 也 不 一样 了。

生词　shēngcí　新出単語

52

1. 最近【名】zuìjìn　最近、このごろ
2. 在【前置】zài　〜で
3. 饭店【名】fàndiàn　レストラン、料理店
4. 打【動】dǎ　（アルバイトを）する
5. 换【動】huàn　換える、替える
6. 工作【名】gōngzuò　仕事（する）、職業
7. 对【形】duì　そうです、その通りです、正しい
8. 当【動】dāng　担当する、〜になる
9. 家庭【名】jiātíng　家庭
10. 教师【名】jiàoshī　教師
11. 报酬【名】bàochou　報酬、謝礼
12. 比【前置】bǐ　〜より、〜に比べて
13. 高【形】gāo　高い
14. 并且【接続】bìngqiě　しかも、かつ、また、そうして
15. 没有【動】méiyǒu　（〜ほど）ではない
16. 那么【代】nàme　〜のように、〜ほど（に）
17. 原来【形】yuánlái　もとの、以前の
18. 一样【形】yíyàng　同じである、違いがない

漢字の書き方に注意　jiǎntǐzì　※（ ）内は日本漢字

换（換）

注释　zhùshì　ポイント注釈

①場所を導く前置詞 "在"

"在" の後に場所を示す名詞や代名詞を導き、述語の前に用いて、動作が発生する場所を表す。否定形は "在" の前に "不"、或いは "没（有）" を加える。

【肯定形】我　在　食堂　吃　饭。　　　私は食堂で食事をします。

　　　　　他　在　图书馆　看　书。　　彼は図書館で本を読みます。

　　　主語＋"在"＋ 場所＋　述語＋目的語

【否定形】我　不　　　　在　食堂　吃　饭。　　私は食堂で食事をしません。

　　　　　他　　　没（有）　在　图书馆　看　书。　彼は図書館で本を読んでいません。

　　　主語＋"不"／"没（有）"＋"在"＋ 場所＋ 述語＋目的語

◎你在饭店里打工吗？　Nǐ zài fàndiàn li dǎgōng ma?

◎我不在饭店里打工。　Wǒ bú zài fàndiàn li dǎgōng.

②語気助詞 "了"（2）

"了" は動詞述語文、形容詞述語文、名詞述語文などの文末に置かれ、以前と比べて新しい状況の発生や変化などを表す。

1）動詞述語文+"了"
　　我是大学生。　　→　我是大学生了。
　　他有手机。　　　→　他有手机了。
　　我们喜欢英语。　→　我们喜欢英语了。

2）形容詞述語文+"了"（程度副詞"很"などは用いない）
　　电子词典很便宜。　→　电子词典便宜了。
　　中级汉语很难。　　→　中级汉语难了。

3）名詞述語文+"了"
　　今天星期二。　　→　今天星期二了。
　　现在十一点半。　→　现在十一点半了。

4）助動詞+動詞述語+"了"
　　她想吃麻婆茄子。　→　她想吃麻婆茄子了。
　　他们会唱中国歌。　→　他们会唱中国歌了。

5）否定詞+動詞述語+"了"
　　我没有钱。　　　→　我没有钱了。
　　她们不学汉语。　→　她们不学汉语了。

◎不打了。Bù dǎ le.
◎我去当家庭教师了。Wǒ qù dāng jiātíng jiàoshī le.

③比較文

1）前置詞"比"を用いる比較文
　　"比 bǐ" は二つの事柄の性質や特徴、程度の比較に用い、「AはBより
Cである」、「AはBに比べてCである」という意味を表す。

　　中国　　比　日本　　　大。
　　英语词典 比　　汉语词典 便宜。
　　　　A+　"比"+　　　B　　　～C

（×）汉语词典比英语词典不便宜。
（×）英语词典比汉语词典很便宜。
（×）英语词典比汉语词典真便宜。

◎当家庭教师的报酬比在饭店里打工高吧?
　　　　　　　　Dāng jiātíng jiàoshī de bàochou bǐ zài fàndiàn li dǎgōng gāo ba?

2）動詞"没有"を用いる比較文
　　"没有" は比較に用い、「AはB（の程度）に達していない」、「AはB
に及ばない」という意味を表す。述語である形容詞の前によく性状や程
度をはっきりと示す"这么 zhème"、"那么"を加える。

私は大学生です。
→私は大学生になりました。

彼は携帯電話を持っています。
→彼は携帯電話を持つようになりました。

私たちは英語が好きです。
→私たちは英語が好きになりました。

電子辞書が安いです。
→電子辞書が安くなりました。

中級中国語が難しいです。
→中級中国語が難しくなりました。

今日は火曜日です。
→今日は火曜日になりました。

今は11時半です。
→今は11時半になりました。

彼女はマーボ茄子が食べたいです。
→彼女はマーボ茄子が食べたくなりました。
彼らは中国の歌が歌えます。
→彼らは中国の歌が歌えるようになりました。

私はお金がありません。
→私はお金がなくなりました。
彼女たちは中国語を勉強しません。
→彼女たちは中国語の勉強をやめました。

※注意："比"を用いる比較文では、述語である形容詞の前に、否定副詞"不"や程度副詞"很"、"真"などを用いることはできない。

中国は日本より大きいです。

英語辞書は中国語辞書より安いです。

※否定副詞"不"、程度副詞"很"、"真"を用いたため。

汉语词典 没有　英语词典　这么　便宜。
日本　　 没有　中国　　 那么　大。

A＋ "没有"＋　　B＋"这么"/"那么"～C

◎当家庭教师没有在饭店里打工那么累。
　　　　　Dāng jiātíng jiàoshī méiyǒu zài fàndiàn li dǎgōng nàme lèi.

中国語辞書は英語辞書ほど安く
ありません。

日本は中国ほど大きくありませ
ん。

3）跟～一样

　前置詞"跟"は比較する対象を導き、同じことか、ほぼ同じことを示
すために、よく形容詞"一样"と呼応して使う。比較する事物や人は"跟"
の前と後に置き、肯定形は「A"跟" B"一样"（＋形容詞／動詞)」で、
否定形は「A"跟" B"不一样"（＋形容詞／動詞)」となる。

【肯定形】他的手机 跟 我的手机 一样。
　　　　　他的手机 跟 我的手机 一样 便宜。

A＋ "跟"＋　B＋　"一样"（＋形容詞／動詞）

【否定形】他的手机 跟 我的手机 不 一样。
　　　　　他的手机 跟 我的手机 不 一样 大。

A＋ "跟"＋　B＋　"不一样"（＋形容詞／動詞）

彼の携帯電話は私の携帯電話と
同じです。

彼の携帯電話は私の携帯電話と
同じく安いです。

彼の携帯電話は私の携帯電話と
同じではありません。

彼の携帯電話は私の携帯電話と
同じ大きさではありません。

◎打工的时间跟原来一样吗？ Dǎgōng de shíjiān gēn yuánlái yíyàng ma?
◎打工的时间跟原来不一样。Dǎgōng de shíjiān gēn yuánlái bù yíyàng.

练习　liànxí　練習

◇1．下線部を置き換えて練習しなさい。

1）我去当家庭教师了。Wǒ qù dāng jiātíng jiàoshī le.
　　　导游 dǎoyóu（ガイド）
　　　推销员 tuīxiāo yuán（営業マン、セールスマン）
　　　志愿者 zhìyuàn zhě（ボランティア）

53

2）打工的时间跟原来一样吗? Dǎgōng de shíjiān gēn yuánlái yíyàng ma?
　　工资 gōngzī（給料）
　　奖金 jiǎngjīn（ボーナス）
　　奖学金

54

◇2．次の諾否疑問文を反復疑問文にし、肯定と否定で答えなさい。

　　打工的时间跟原来一样吗?

◇3．前置詞"在"を用いて、次の日本語を中国語に訳しなさい。

1）彼は日曜日に家で日本語を勉強します。

2）私たちは月曜日から金曜日まで学校で英語の授業を受けています。

65

◇4．次の中国語を日本語に訳しなさい。

1）不打工了。

2）我换工作了。

3）当然也不一样了。

4）你最近还在饭店里打工吗?

◇5．日本語の意味に合わせて、中国語を並べ替えなさい。

1）ガイドの給与は図書館でアルバイトより高いでしょう。
（里　高　当　报酬　图书馆　导游　的　打工　比　在　吧）

2）中国語の新出単語や本文を暗唱することは英語ほど難しくありません。
（汉语　那么　英语　生词　背诵　难　没有　课文）

◇6．【　】にある中国語を用いて、次の日本語を中国語に訳しなさい。

1）日本人先生は中国人先生ほど厳しくありません。【没有】

2）フランス語はスペイン語と同じ難しいです。【跟〜一样】

3）中国の大学は日本の大学より大きいです。【比】

4）北京の地下鉄は上海の地下鉄と異なります。【跟〜不一样】

◇7．次の質問に中国語で答えなさい。

1）你打工吗?

2）你在哪儿打工?

3）日本打工的报酬高不高?

4）汉语的发音比英语难吗?

5）日本学校的开学时间跟中国一样不一样?

6）日本大学生的上课时间没有中国大学生那么长吧?

【各種の店】　55

次の単語を発音し、漢字の意味をよく考えて、それが何かを当ててみよう。

建材超市　jiàncáichāoshì
家电量贩店　jiādiànliàngfàndiàn
百元店　bǎiyuándiàn
药妆店　yàozhuāngdiàn
便利店　biànlìdiàn

海のシルクロードの終着点・奈良から中国を知る　【漢國神社の饅頭】

さて問題です。「奈良には饅頭を祀る神社がある」。テレビ番組でこんなクイズが出されていました。正解は○。奈良には饅頭を祀る日本で唯一の神社があります。

奈良の玄関口、近鉄奈良駅のすぐ近くにある漢國（かんごう）神社。その歴史は古く、593年に推古天皇の勅命によって創建された古刹です。

その境内には、林（りん）神社と呼ばれる小さな社殿があります。

この神社に祀られているのは、中国浙江省杭州から渡来した林浄因（りんじょういん）。日本で初めて餡（あん）の入った蒸し饅頭を作ったといわれています。

当時、中国では肉を詰めた饅頭（マントウ）が食べられていましたが、日本の僧侶は肉食が禁じられていたため、1349年に来日した林浄因は、小豆の餡（あんこ）を皮に包んで蒸し上げた蒸し饅頭を販売し、大好評を得ました。

その後、足利将軍家を経て、後村上天皇に献上されるまでに至ります。蒸し饅頭をたいそう気に入られた後村上天皇は林浄因を優遇し結婚の世話をすることになります。婚礼に際し、周囲に配ったのが紅白饅頭。現代の慶事で紅白饅頭を配る習慣、その始まりになったといわれています。

中国の食と共に日本へ渡った林浄因が、日本で更に発展させ文化にまで昇華させた饅頭。多くの日本人に喜ばれたこの饅頭にも中国との深いつながりがあるのです。

第10课 Dì shí kè

是不是有问题啊? Shì bu shì yǒu wèntí a?

课文 kèwén 本文

 56 57

Lǎoshī, máfan nín kànkan wǒ zuò de liànxí.
A：老师，麻烦 您 看看 我 做 的 练习。

Qǐng děng yíxià.
B：请 等 一下。

À, duìbuqǐ.
A：啊， 对不起。

Méiguānxi, wǒ yìbiān kàn yìbiān shuō ba.
B：没关系， 我 一边 看 一边 说 吧。

Shì bu shì yǒu wèntí a?
A：是 不 是 有 问题 啊?

Nǐ bǎ "zhàngfu" zhè ge cí fānyìchéng Rìyǔ de yìsi le.
B：你 把 "丈夫" 这 个 词 翻译成 日语 的 意思 了。

À, Hànyǔ hé Rìyǔ de xǔduō zì tóng xíng yì yì, zhēn nán!
A：啊， 汉语 和 日语 的 许多 字 同 形 异 义， 真 难！

Bù nán, zhǐyào duō liànxí
B：不 难， 只要 多 练习

jiù xíng le.
就 行 了。

68

生词 shēngcí 新出単語

 58

1. 麻烦【動】máfan　面倒をかける、手数をかける、煩わす
2. 做【動】zuò　作る、する、書く
3. 等【動】děng　待つ
4. 啊【感嘆】à　ああ（驚嘆したり、感心したりする時に発する言葉）
5. 对不起 duìbuqǐ　申し訳ない、すみません、（～に対して）すまないと思う
6. 没关系 méi guānxi　大丈夫、かまわない、心配ない
7. 一边【副】yìbiān　～しながら（～する）
8. 把【前置】bǎ　～を（～する）
9. 丈夫【名】zhàngfu　夫
10. 这【代】zhè　この、その、これ、それ
11. 词【名】cí　語、単語
12. 翻译【動】fānyì　翻訳する、通訳する、訳す
13. 成【動】chéng　～にする、～となる（人や事物がある動作を通して別の状態に変化したことを表す。後には必ず人や事物を表す目的語がつく）
14. 日语【名】Rìyǔ　日本語
15. 意思【名】yìsi　（言葉、文などの）意味
16. 许多【形】xǔduō　多い、たくさん
17. 字【名】zì　字
18. 形【名】xíng　形、形状、姿
19. 异【形】yì　異なる、違う
20. 义【名】yì　意味、意義
21. 只要～就～ zhǐyào ～ jiù ～　～さえあれば～、～さえすれば～（必要条件を表す）
22. 行【形】xíng　よろしい、大丈夫

漢字の書き方に注意 jiǎntǐzì　※（ ）内は日本漢字

烦（煩） 系（係） 边（辺） 这（這） 译（訳） 许（許） 异（異） 义（義）

注释 zhùshì　ポイント注釈

① 並列関係を表す "一边～一边～"

　"一边 yìbiān" を連用して、前後二つの異なる動詞や動詞フレーズをつなぎ、二つの動作が同時に進行して行われることを表す。日本語の「～しながら～する」に相当する。"边～边～" という言い方もある。

她	一边	吃		一边	看。
老师	一边	喝	咖啡	一边	听 英语。

主語＋"一边"＋動詞Ａ（＋目的語）"一边"＋動詞Ｂ（＋目的語）

彼女は食べながら見ます。

先生はコーヒーを飲みながら英語を聞きます。

◎我一边看一边说吧。Wǒ yìbiān kàn yìbiān shuō ba.

② "是不是" を用いる疑問文

　"是不是" を文頭、述語の前、文末に入れると、「～でしょう？」、「～ですね？」のような確認のニュアンスをもつ疑問文になる。相手に自分の予想に対して同意や確認を求める時によく使うが、どの場所に置いても意味は同じである。

【文頭】**是不是** 星期一复习生词和课文？

【述語の前】东京 **是不是** 很热闹？

【文末】你有女朋友 **是不是**？

◎**是不是**有问题啊？　Shì bu shì yǒu wèntí a?

③前置詞 "把" を用いる文（"把" 構文）

　中国語には、動詞述語文に前置詞 "把 bǎ" によって動作の対象となる目的語（人や事物）が動詞の前に導かれ、対象にどのように処置を加えるのか、処置した結果はどうなったのかを強調する構文があり、この構文を「"把" 構文」という。

　ここの「処置」とは、動作を通して、人や事物の状態を変えたり、位置を移動させたり、何らかの影響を与えたりすることであるため、"把" 構文にある動詞は、ふつう人や事物を処置する他動詞でなければならない。

　また、"把" 構文の述語動詞は単独では終われず、動詞の後には必ず補語（可能補語を除く）や、さらなる目的語、助詞などの文成分が必要である。これにより、どのように処置するのか、影響を与えられて、その結果がどうなったのかを説明するのである。否定副詞や助動詞などは必ず "把" の前に置かなければならない。

彼はパンを食べました。

私は時間を言い間違えました。

他	吃		面包	了。
我	说	错	时间	了。

主語＋動詞述語（＋結果補語）＋目的語＋"了"

↓

彼はパンを食べました。

私は時間を言い間違えました。

他	把	面包	吃		了。
我	把	时间	说	错	了。

主語＋〔"把" ＋目的語〕＋動詞述語（＋結果補語）＋"了"

楊先生は日本語雑誌を訳します。

杨老师	翻译		日语杂志。
		＋	
杨老师	翻译	成	汉语。

杨老师翻译日语杂志成中文。（×）

楊先生は中国語に訳します。

主語＋動詞述語＋結果補語＋目的語

↓

楊先生は日本語雑誌を中国語に訳します。

杨老师	把	日语杂志	翻译	成	汉语。（○）
我	把	工作都	安排	给	他 了。

私はすべての仕事を彼に任せました。

主語＋〔"把" ＋目的語〕＋動詞述語＋結果補語＋目的語

◎你**把** "丈夫" 这个词翻译成日语的意思了。

Nǐ bǎ "zhàngfu" zhè ge cí fānyìchéng Rìyǔ de yìsi le.

月曜日に新出単語と本文を復習するでしょう？

東京はとても賑やかでしょう？

あなたはガールフレンドがいるのですね？

④ **条件関係を表す"只要～就～"**

　　接続詞"只要 zhǐyào"は前節に用い、後節の副詞"就"と呼応させ、「～さえあれば～」、「～さえすれば～」と条件複文を構成することができる。ある条件が存在すれば、或いはある条件が整えば、ある結果が生じることを表す。ただし、他の条件でも結果が生じる可能性はある。"只要"と"就"を単用することもある。

只要	有钱，	就	可以去中国。
只要	来日本留学，	就	能学好日语。

（前節）"只要"【条件】　　（後節）"就"【結果】

お金さえあれば中国に行けます。

日本へ留学にさえ来れば日本語がマスターできます。

◎只要多练习就行了。Zhǐyào duō liànxí jiù xíng le.

练习　　練習

◇1．下線部を置き換えて練習しなさい。

　1）麻烦您看看我做的<u>练习</u>。Máfan nín kànkan wǒ zuò de liànxí.
　　　　　　　作业 zuòyè（宿題）
　　　　　　　首饰 shǒushì（アクセサリー）
　　　　　　　陶器 táoqì（陶器、焼き物）

 59

　2）<u>一边看</u>一边<u>说</u>吧。Yìbiān kàn yìbiān shuō ba.
　　　　吃　　想（考える）
　　　　听　　写 xiě（書く）
　　　　喝　　聊 liáo（雑談する）

 60

◇2．"是不是"を用いて疑問文を作りなさい。

◇3．次の中国語を日本語に訳しなさい。

　1）请等一下。

　2）是不是有问题啊?

　3）只要多练习就行了。

　4）汉语和日语的许多字同形异义。

◇4．日本語の意味に合わせて、中国語を並べ替えなさい。

1）先生、お手数ですが、私が訳した中国語をちょっと聞いてください。
（麻烦 的 老师 翻译 听听 您 汉语 我）

2）あなたたちは"茶"という言葉を日本語の発音に読んでしまいました。
（词 发音 茶 把 成 个 你们 日语 的 了 这 读）

◇5．"只要～就～"を用いて、次の日本語を中国語に訳しなさい。

1）あなたたちは地下鉄にさえ乗れば、東京に来られます。

2）私たちはパソコンさえ持っていれば、家で授業を受けられます。

◇6．次の質問に中国語で答えなさい。

1）你做不做汉语练习?

2）汉语练习多吗?

3）汉语练习难不难?

4）汉语翻译成日语难，还是日语翻译成汉语难?

5）日语和汉语许多字同形异义，是吗?

6）你一边吃饭一边看手机吗?

【日本文化の象徴】 61

次の単語を発音し、漢字の意味をよく考えて、それが何かを当ててみよう。

相扑 xiāngpū
能剧 néngjù
浮世绘 fúshìhuì
榻榻米 tàtàmǐ
卡哇伊 kǎwāyī

海のシルクロードの終着点・奈良から中国を知る　【岡寺】

　日本の原風景が広がる奈良県明日香村。のどかでどこか懐かしい里の風景、それを見渡す場所にあるのが日本最初の厄除け霊場といわれる岡寺です。

　岡寺の正式名称は龍蓋寺（りゅうがいじ）で、およそ1300年前、草壁皇子がお住まいになられた岡宮跡に、義淵（ぎえん）僧正が建立したと伝えられています。龍蓋寺の名前の由来は、義淵僧正が農地を荒らして民を苦しめていた悪い龍を法力によって小さな池に誘い込み、大きな石で蓋をして封じ込め、厄難を取り除いたという伝説からきています。一心に拝んだところ災いを取り除くことができたということから、岡寺が「厄除け」の霊場となり、人々の信仰を集めました。本堂前には龍を封じ込めた龍蓋池が今もあります。

　本尊の如意輪観音座像は現存する塑像（そぞう）としては日本最大の大きさを誇ります。「塑」は粘土を意味し、塑像とは土で造った像の総称です。弘法大師・空海がインド・中国・日本の土を練り合わせて造ったと伝えられています。

　仏教発祥の地から仏教伝来の地へ。弘法大師はどのような思いでインド・中国・日本の土を合わせてこれほどまでに大きな観音様を造られたのでしょうか。その思いが時を越え、慈悲深い観音様の表情を通して現代の私たちに語りかけてくるようです。

１．基本文型

１）前置詞"被"を用いる文（受身文）⑥

◆手机刚才被老师没收了。　　手机没（有）被老师没收。

２）主述述語文⑦

◆他汉语教得怎么样?

３）前置目的語文⑧

◆汉语你学了几年了?　　中国的广告你一定看得懂吧?

４）比較文⑨

◆当家庭教师的报酬比在饭店里打工高吧?

◆当家庭教师没有在饭店里打工那么累。

◆打工的时间跟原来一样吗?　　打工的时间跟原来不一样。

５）前置詞"把"を用いる文（"把"構文）⑩

◆你把"丈夫"这个词翻译成日语的意思了。

２．テンスとアスペクト

１）ある状況が持続していることを表すアスペクト助詞"着"⑥

◆你的手机里设置着什么壁纸?

我的手机里设置着我和女朋友合影的壁纸。

我的手机里没（有）设置着我和女朋友合影的壁纸。

２）アスペクト助詞"了"＋語気助詞"了"⑧

◆汉语你学了几年了?　　我大概学了两年了。

３）新しい状況の発生や変化などを表す語気助詞"了"⑨

◆不打了。　　我去当家庭教师了。

３．補語

１）程度補語⑦

◆他汉语教得怎么样?　　他汉语教得不错。

◆他汉语教得好不好?　　他汉语教得很好。　　他汉语教得不好。

2）動量補語⑦

◆每次都让我们读好几遍生词、课文。

3）方向補語⑧

◆下个星期我带一些来给你看看吧。

4．疑問文

1）接続詞 "还是" を用いる選択疑問文⑦

◆你们的汉语老师是中国人还是日本人？

2）"是不是" を用いる疑問文⑩

◆是不是有问题啊？

5．複文

1）並列関係を表す "一边～一边～" ⑩

◆我一边看一边说吧。

2）条件関係を表す "只要～就～" ⑩

◆只要多练习就行了。

6．その他

1）動詞の重ね型⑥

◆让我看看。　　　你猜猜。

2）語気助詞 "吧" ⑥

◆你上课玩游戏了吧?!

3）前置詞 "给" ⑧

◆下个星期我带一些来给你看看吧。

4）場所を導く前置詞 "在" ⑨

◆你在饭店里打工吗？　　　我不在饭店里打工。

第11课 Dì shíyī kè

日本的气候怎么样？ Rìběn de qìhòu zěnmeyàng?

日本の気候はどうですか？

课文 kèwén 本文

 62　　63

Rìběn de qìhòu zěnmeyàng?
A：日本 的 气候 怎么样？

Rìběn guótǔ xiácháng, běifāng gēn nánfāng de qìhòu bù yíyàng.
B：日本 国土 狭长， 北方 跟 南方 的 气候 不 一样。

Nǎr bù yíyàng?
A：哪儿 不 一样？

Běihǎidào de dōngtiān chángcháng xià xuě,
B：北海道 的 冬天 常常 下雪，

yí xià xuě jiù lěng jíle.
一 下 雪 就 冷 极了。

Nánfāng ne?
A：南方 呢？

Chōngshéng dōngtiān bú tài lěng, dàn xiàtiān hěn rè,
B：冲绳 冬天 不 太 冷，但 夏天 很 热，

hái chángcháng xià yǔ, guā táifēng.
还 常常 下 雨，刮 台风。

Dōngjīng de sìjì
A：东京 的 四季

zěnmeyàng?
怎么样？

Suīrán dōngtiān yě lěng,
B：虽然 冬天 也 冷，

xiàtiān yě rè, dànshì
夏天 也 热，但是

chūntiān tǐng nuǎnhuo de,
春天 挺 暖和 的，

qiūtiān bǐjiào liángkuai.
秋天 比较 凉快。

北海道

冲绳

生词 shēngcí 新出単語 64

1. 气候【名】qìhòu　気候
2. 国土【名】guótǔ　国土、領土
3. 狭长【形】xiácháng　細長い、狭くて長い
4. 北方【名】běifāng　北（の方）、北方
5. 南方【名】nánfāng　南（の方）、南方
6. 北海道【固有】Běihǎidào　北海道
7. 冬天【名】dōngtiān　冬
8. 常常【副】chángcháng　いつも、しばしば、しょっちゅう
9. 下【動】xià　降る
10. 雪【名】xuě　雪
11. 一～就～　yī ～ jiù ～　～すると、すぐに～する／なる
12. 冷【形】lěng　寒い、冷たい
13. ～极了　～ jíle　すごく～、～たまらない、とても
14. 冲绳【固有】Chōngshéng　沖縄
15. 夏天【名】xiàtiān　夏
16. 热【形】rè　暑い、熱い
17. 雨【名】yǔ　雨
18. 刮【動】guā　（風が）吹く
19. 台风【名】táifēng　台風
20. 四季【名】sìjì　四季
21. 虽然～但是～　suīrán ～ dànshì ～　～けれども～
22. 春天【名】chūntiān　春
23. 暖和【形】nuǎnhuo　暖かい
24. 秋天【名】qiūtiān　秋
25. 比较【副】bǐjiào　比較的、わりに
26. 凉快【形】liángkuai　涼しい

漢字の書き方に注意 jiǎntǐzì ※（ ）内は日本漢字

极（極）　冲（沖）　绳（縄）　风（風）　较（較）　凉（涼）

注释 zhùshì ポイント注釈

①一～就～

　　数詞 "一" を副詞 "就" と呼応させ、二つの動作や状況が続けて発生することを表す。日本語の「～すると、すぐに～する／なる」に相当する。

　　前の動作や状況は後の動作や状況が発生する条件であることが多く、どんな条件のもとで、次の結果や結論が現れるのかを強調する。"就" を単用することもある。

他 　一 上课 　　就 玩游戏。
老师 一 说 　我们 就 懂了。
　　　"一" 　　　　"就"【連続発生】

彼は授業が始まると、すぐにゲームをします。

先生が説明すると、私たちはすぐに分かりました。

◎一下雪就冷极了。Yí xià xuě jiù lěng jíle.

②～极了

　　副詞 "极" を動詞、形容詞の後に置き、程度が甚だしいことを表す程度補語になれる。ただし、必ず後に語気助詞 "了" を伴い、"～极了" となり、「すごく～」、「～たまらない」などの意味を表す。

汉语的发音　难　　极了。 中国語の発音がすごく難しいで
す。

我　今天　　累　　极了。 私は今日大変疲れました。

動詞／形容詞＋"极了"

◎冷极了。Lěng jíle.

③転折関係を表す "虽然～但是～"

　"虽然" は前節に用い、一方を事実と認めながらも、同時に他方も成
立することを認める接続詞である。後節にはよく接続詞 "但是"、"但"、
"可是"、"可" などが呼応し、後節の意味が前節の意味と相反するか、部
分的に相反する転折関係を表す。日本語の「～けれども～」に相当する。
"但是"、"但"、"可是"、"可" などを単用することもできる。

　　虽然 我 会唱英语歌，但是 唱得不太好。 私は英語の歌が歌えますが、あ
まり上手ではありません。

他 虽然 没去过中国，　　但 非常喜欢吃中国菜，喝中国茶。 彼は中国に行ったことがありま
せんが、中華料理を食べるのも、
中国茶を飲むのも非常に好きで
す。

(前節)"虽然"　　　　　　　(後節)"但是"／"但" など【転折関係】

◎虽然冬天也冷，夏天也热，但是春天挺暖和的，秋天比较凉快。
　Suīrán dōngtiān yě lěng, xiàtiān yě rè, dànshì chūntiān tǐng nuǎnhuo de,
　qiūtiān bǐjiào liángkuai.

④並列関係を表す "也～也～"

　副詞 "也" は二つの事柄が同じであることを表す。ただし、"也" の後
には必ず述語が必要である。
　"也" を連用する場合は、並列関係を表し、以下の使われ方がある。

1）主語が異なり、述語が同じか、同義である。
　　你 也 学汉语，我 也 学汉语。 あなたも中国語を勉強します。
私も中国語を勉強します。

2）主語が同じで、述語が異なる。
　　他 也 上学，也 打工。 彼は学校にも行きますし、アル
バイトもします。

3）主語も述語も異なる。
　　老师 也 说了，学生们 也 听了。 先生も言いました。学生たちも
聞きました。

4）主語も動詞も同じで、目的語が異なる。
　　我们 也 会唱中国歌，也 会唱日本歌。 私たちは中国の歌も歌えますし、
日本の歌も歌えます。

5）主語も動詞も同じであるが、動詞の修飾語が異なる。
　　林良平 星期一 也 来了，星期二 也 来了。 林良平さんは月曜日にも来まし
たし、火曜日にも来ました。

◎冬天也冷，夏天也热。Dōngtiān yě lěng, xiàtiān yě rè.

◇1. 下線部を置き換えて練習しなさい。

1）日本的<u>气候</u>怎么样？ Rìběn de qìhòu zěnmeyàng?
　　　　文化 wénhuà（文化）
　　　　经济 jīngjì（経済）
　　　　交通 jiāotōng（交通）

65

2）一下雪就冷极了。 Yí xià xuě jiù lěng jíle.
　　刮风 guā fēng　　　　　　　　难受 nánshòu（体の具合が悪い）
　　下雨 xià yǔ　　　　　　　　　闷热 mēnrè（蒸し暑い）
　　发大水 fā dàshuǐ（洪水になる）　危险 wēixiǎn（危ない、危険）

66

◇2. "～极了" を用いて、適切な気候形容詞を括弧に書き入れなさい。

　　　　东京的春天（　　　　　），冲绳的夏天（　　　　　），
　　京都的秋天（　　　　　），北海道的冬天（　　　　　）。

◇3. 次の1）～6）の文の下線部に入れる適切な接続関係の言葉をa、b、cから選び、括弧に書き入れなさい。

　　a. 一～就～　　b. 虽然～但是～　　c. 也～也～

1）我__想和美国老师说英语，__很害羞，怕说错。　　（　　）

2）他__教了，他女朋友__学了。　　　　　　　　　　（　　）

3）日本学生__去中国留学，__喜欢中国的大学了。　（　　）

4）林良平早上__吃饺子，中午__吃饺子。　　　　　（　　）

5）她__练习，汉语的发音__好了。　　　　　　　　（　　）

6）高玲__很努力，__进步不快。　　　　　　　　　（　　）

◇4. 次の中国語を日本語に訳しなさい。

1）哪儿不一样?

2）日本国土狭长。

3）东京的四季怎么样?

4）还常常下雨，刮台风。

◇5．日本語の意味に合わせて、中国語を並べ替えなさい。

1）関東は6月から7月までよく雨が降ります。
（七月　雨　从　常常　到　关东　六月　下）

2）四国と東北とでは気候が異なります。
（一样　东北　气候　跟　的　四国　不）

◇6．次の質問に中国語で答えなさい。

1）冲绳的冬天下不下雪？

2）北海道的气候跟冲绳一样吗？

3）日本什么时候下雨下得最多？

4）日本什么时候常常刮台风？

5）东京四季中什么时候气候最好？

6）日本最近的气候怎么样？

dòngnǎojīn
动脑筋

【中華圏で人気の日本の果物】 67

次の単語を発音し、漢字の意味をよく考えて、それが何かを当ててみよう。

夕张密瓜　Xīzhāngmìguā
宫崎芒果　Gōngqímángguǒ
山形樱桃　Shānxíngyīngtáo
青森苹果　Qīngsēnpíngguǒ
栃木草莓　Lìmùcǎoméi

海のシルクロードの終着点・奈良から中国を知る 【大和高原の大和茶と茶粥】

806年に弘法大師・空海が唐からお茶の種子を持ち帰り、奈良の地で育て、お茶の製法を伝えたことが大和茶の起源とされています。その発祥の地が奈良の佛隆寺。仏教と深く関わりのあるお茶は寺院を中心に広がりました。また、その際に持ち帰った、唐の皇帝から拝受した石製の茶臼は佛隆寺に今も寺宝として保存されています。

現在、大和茶が栽培されているのは奈良県東北部の月ヶ瀬や田原などの大和高原一帯。朝晩の寒暖差が激しい山間冷涼地であり、豊富な水源に恵まれ、土壌はミネラルを多く含んでいる粘土層。そんな理想的な大地によって大和茶は育てられ、一大産地となっています。

奈良ではお茶を飲むだけではなく茶粥（ちゃがゆ）としての食文化が残っています。

「おかいさん」といわれる奈良の茶粥は、ほうじ茶の中に冷やごはんを入れて炊いたもので、「大和の朝は茶粥で明ける」といわれていました。今では毎朝「茶粥」を炊く家庭は少なくなりましたが、奈良の代表的な郷土料理のひとつです。現在はホテルや旅館などの朝食で茶粥が見直されるようになり、旅行者にも人気があります。「大和の旅は茶粥で始まる」、奈良での1日を茶粥から始めてみてはいかがでしょうか。弘法大師がお茶でつないだ中国と奈良。その歴史と文化に想いを馳せながら、おいしい大和茶を一服いただき一休みするのもいいものです。

第12课 Dì shí'èr kè

あなたは体の具合が悪いですか？

你身体不舒服吗? Nǐ shēntǐ bù shūfu ma?

课文 kèwén **本文**

68　69

Nǐ jīntiān de liǎnsè hěn bù hǎo, shēntǐ bù shūfu ma?
A：你 今天 的 脸色 很 不 好，身体 不 舒服 吗?

Zǎoshang yì qǐlái jiù tóu téng、 késou、 méi lìqi.
B：早上 一 起来 就 头 疼、 咳嗽、 没 力气。

Fāshāo ma?
A：发烧 吗?

Gāng liángle tǐwēn, sānshiqī dù jiǔ.
B：刚 量了 体温，三十七 度 九。

Nà nǐ kěnéng gǎnmào le.
A：那 你 可能 感冒 了。

Guāng shì gǎnmào hái xíng, yàoshì liúgǎn jiù zāo le.
B：光 是 感冒 还 行，要是 流感 就 糟 了。

Wǒ juéde jíshǐ gǎnmào, bù chī yào yě bù xíng, nǐ zuìhǎo qù
A：我 觉得 即使 感冒，不 吃 药 也 不 行，你 最好 去

yīyuàn kàn yíxià.
医院 看 一下。

Xiàle kè wǒ xiān qù
B：下了 课 我 先 去

yítàng yīwùshì ba.
一趟 医务室 吧。

中央医院

生词 shēngcí 新出単語
70

1. 脸色【名】liǎnsè 顔の色、顔色
2. 身体【名】shēntǐ 体、身体
3. 舒服【形】shūfu 気分がよい、体調がよい
4. 起来【動】qǐlái 起きる、起き上がる
5. 头【名】tóu 頭、頭部
6. 疼【動】téng 痛い、痛む
7. 咳嗽【動】késou 咳（をする）、咳が出る
8. 没【動】méi 持っていない、ない
9. 力气【名】lìqi 力
10. 发烧【動】fāshāo 熱が出る、体温が高くなる
11. 刚【副】gāng ～したばかり、～して間もない
12. 量【動】liáng 測る
13. 体温【名】tǐwēn 体温
14. 度【名】dù 度
15. 可能【副】kěnéng かも知れない、らしい
16. 感冒【名】gǎnmào 風邪
　　　【動】 風邪をひく
17. 光【副】guāng ただ、だけ（範囲を限定する）
18. 流感【名】liúgǎn インフルエンザ
19. 要是～就～ yàoshì ～ jiù ～ もし～なら～
20. 糟【形】zāo まずい
21. 觉得【動】juéde 感じる、～と思う、
　　　　　　　　　～のような気がする
22. 即使～也～ jíshǐ ～ yě ～ たとえ～としても～、
　　　　　　　　　仮に～としても～
23. 药【名】yào 薬、薬品、薬剤
24. 最好【副】zuìhǎo できるだけ～したほうがよい、
　　　　　　　　　一番望ましい
25. 医院【名】yīyuàn 病院、医院
26. 看【動】kàn 診察する、診察を受ける
27. 下【動】xià （勤めや学校などが）ひける
28. 先【副】xiān 先に、初めに、まず、
　　　　　　　とりあえず
29. 趟【助数】tàng 回（一往復する動作の回数）
30. 医务室【名】yīwùshì （学校や職場の）保健室、
　　　　　　　　　医務室

漢字の書き方に注意 jiǎntǐzì ※（ ）内は日本漢字

头（頭） 烧（焼） 觉（覚） 药（薬） 务（務）

注释 zhùshì ポイント注釈

①仮定関係を表す "要是～就～"

　接続詞 "要是" は前節に用い、後節の副詞 "就" と呼応させ、「もし～なら～」と仮定複文を構成することができる。前節で仮定の状況を述べ、後節がその仮定に基づいて生じる結果、推断を述べる。"要是" と "就" を単用することもできる。

　　要是 下雨，　　我们 就 不去国会图书馆了。
　你 要是 喜欢中国歌，我唱一个给你听听。
(前節)"要是"　　　　　　(後節)"就"【仮定関係】

◎要是流感就糟了。Yàoshì liúgǎn jiù zāo le.

雨が降るなら、私たちは国会図書館に行くのをやめます。

あなたはもし中国の歌が好きなら、私は1曲を歌ってちょっとあなたに聞かせます。

②仮定や譲歩関係を表す "即使～也～"

　接続詞 "即使" は前節に用い、後節の副詞 "也" と呼応させ、「たとえ～としても～」、「仮に～としても～」と仮定や譲歩複文を構成することができる。前節で仮定や譲歩の状況を述べ、後節がその仮定や譲歩に基づいて生じる結果、推断を述べる。状況がどうであれ、結果や推断がそれに左右されない時によく使われる。"也" を単用することもできる。

　　　　即使 你 不告诉我，我 **也** 知道他家在东京。
　老师 **即使** 每天很累，　　　**也** 一定看我们做的练习。
　(前節)"即使"　　　　(後節)"也"【仮定・譲歩関係】

◎**即使**感冒，不吃药**也**不行。Jíshǐ gǎnmào, bù chī yào yě bù xíng.

たとえあなたは私に教えないとしても、私は彼の家は東京にあるのを知っています。

先生はたとえ毎日大変疲れているとしても、必ず私たちがした練習問題を見ます。

③二重否定の "不～不～"

　否定副詞 "不" が文の中で二度使われると、二重否定となり、肯定の意味を表すが、肯定の語気を強めるために用いられる。

　你们 **不** 去中国，　　就 **不** 能真的了解中国和中国人。
　我们 **不** 背诵第一课，她 **不** 教第二课。
　　　"不"　　　　　"不"【肯定の語気を強める】

◎**不**吃药**不**行。Bù chī yào bù xíng.

あなたたちは中国に行かないと中国と中国人を真に知ることができません。

私たちは第1課を暗唱しないと、彼女は第2課を教えません。

◇1．下線部を置き換えて練習しなさい。

1）要是流感就糟了。Yàoshì liúgǎn jiù zāo le. 71

　　头晕 tóu yūn（頭がくらくらする）

　　打喷嚏 dǎ pēntì（くしゃみをする）

　　拉肚子 lā dùzi（腹を下す、下痢をする）

2）即使感冒，不吃药也不行。Jíshǐ gǎnmào, bù chī yào yě bù xíng. 72

　　　休息 xiūxi（休む）

　　　检查 jiǎnchá（検査する）

　　　治疗 zhìliáo（治療する）

◇2．副詞 "最好" を用いて、次の日本語を中国語に訳しなさい。

1）家庭教師をしに行ったほうがいいです。

2）彼らに知らせたほうがいいです。

3）仕事をちょっと替えたほうがいいです。

4）中国をもっと知ったほうがいいです。

5）少し段取りしたほうがいいです。

6）アルバイトをしないほうがいいです。

◇3．次の1）～4）の文の下線部に入れる適切な接続関係の言葉を a、b から選び、括弧に書き入れなさい。

　　　a．要是～就～　　　b．即使～也～

1）＿身体不舒服，我＿一定把作业做完。　（　　）

2）你们＿没有时间，＿别来了。　　　　　（　　）

3）你＿想吃日本菜，我们＿去饭店吧。　　（　　）

4）＿刮台风，老师＿来学校上课。　　　　（　　）

◇4．次の中国語を日本語に訳しなさい。

1）刚量了体温。

2）你可能感冒了。

3）身体不舒服吗?

4）你最好去医院看一下。

◇5．日本語の意味に合わせて、中国語を並べ替えなさい。

1）授業が終わったら、あなたはまず一度病院に行ってください。
（趟 课 去 你 了 医院 吧 先 下 一）

2）午前に学校に来たら、頭が痛くて、咳が出て、だるいのです。
（学校 咳嗽 头 力气 就 来 上午 没 一 疼）

◇6．次の質問に中国語で答えなさい。

1）你最近身体怎么样?

2）你发烧的时候喝水、吃药吗?

3）你去没去过学校的医务室?

4）你身体不舒服的时候去医院吗?

5）四季中什么时候感冒的人最多?

6）一般的感冒跟流感一样吗?

dòngnǎojīn
动脑筋

【日用品】 73

次の単語を発音し、漢字の意味をよく考えて、それが何かを当ててみよう。

保温杯 bǎowēnbēi
指甲刀 zhǐjiǎdāo
口罩 kǒuzhào
创可贴 chuāngkětiē
暖宝贴 nuǎnbǎotiē

海のシルクロードの終着点・奈良から中国を知る　【薬師寺】

　天武天皇が皇后の病気平癒を祈願して発願（悟りを求める心や人々を救おうという心を起こすこと）された世界遺産・薬師寺。

　薬師寺の伽藍（寺院の建築物）の配置は、中国・唐の新様式の影響を受けているといわれています。

　金堂の東には8世紀に創建された東塔、西には1981年に再建された西塔、そびえ立つ伽藍は圧巻です。

　金堂に安置されているのは日本仏像彫刻の最高傑作のひとつと称賛されている薬師三尊像。そこにも大陸とのつながりがみられます。台座には、ギリシャの葡萄唐草文様、ペルシャの蓮華文様、インドから伝わった神の像、中国の青龍・朱雀・白虎・玄武の四神が彫刻され、シルクロードによって結ばれた文化の影響を受けて

いることがわかります。また、左右の日光菩薩、月光菩薩の腰をひねって立つ優美な姿にも唐文化の影響がみられます。

　大講堂には中国と深いゆかりのある国宝の仏足石（釈迦の足跡を石に刻んだもの）が安置されています。釈迦が最初に説法を行ったとされる場所にあった仏足石を唐からの使者が写して長安に置き、それを遣唐使が写して平城京に置き、さらに天武天皇の孫が夫人の供養のために写させたと伝えられています。

　インドから中国へ、そして日本へと様々な人が祈りと願いを込めて写し伝えたという由緒ある歴史がこの仏足石に彫られているのです。仏足石が教えてくれる壮大な物語、そこから日本と中国との確かな繋がりを知ることができるのです。

あの店は1杯いくらか
あなたは知っていますか？

你知道那家店一杯多少钱吗？ Nǐ zhīdao nà jiā diàn yì bēi duōshao qián ma?

课文 **kèwén** 本文 74 75

A：今天 下 课 后 我们 一起 去 逛 街 吧。
Jīntiān xià kè hòu wǒmen yìqǐ qù guàng jiē ba.

B：好 的，我 正 想 轻松 一下 呢。
Hǎo de, wǒ zhèng xiǎng qīngsōng yíxià ne.

A：学校 对面 新 开了 一 家 奶茶 店， 顺便 去 买 杯
Xuéxiào duìmiàn xīn kāile yì jiā nǎichá diàn, shùnbiàn qù mǎi bēi

尝尝 吧。
chángchang ba.

B：珍珠 奶茶 是 我 的 最爱，你 知道 那 家 店 一 杯
Zhēnzhū nǎichá shì wǒ de zuìài, nǐ zhīdao nà jiā diàn yì bēi

多少 钱 吗?
duōshao qián ma?

A：听说 珍珠 奶茶 一 杯 580 日元，贵 吗?
Tīngshuō zhēnzhū nǎichá yì bēi wǔbǎi bāshí Rìyuán, guì ma?

B：我 常 去 的 奶茶 店
Wǒ cháng qù de nǎichá diàn

一 杯 560 日元，
yì bēi wǔbǎi liùshí Rìyuán,

所以 价钱 差不多 吧。
suǒyǐ jiàqián chàbuduō ba.

A：应该 还 有 更 便宜
Yīnggāi hái yǒu gèng piányi

一点儿 的 吧?
yìdiǎnr de ba?

B：肯定 有 吧。
Kěndìng yǒu ba.

	中	大
珍珠奶茶 No.1	560	660
珍珠奶绿	600	700
波霸奶茶	660	760
波霸奶绿	700	820
奶茶	350	
奶绿	380	
阿华田	450	
红茶拿铁	49	

生词 shēngcí 新出単語 76

1. 逛【動】guàng ぶらぶら歩く、散歩する、散策する、見物する
2. 街【名】jiē 街、大通り
3. 正【副】zhèng ちょうど折よく、いいあんばいに
4. 轻松【動】qīngsōng （精神的に）気楽にする、リラックスする
5. 对面【名】duìmiàn 真向かい、真正面、向こう
6. 新【形】xīn 最近（〜したばかり）、新たに（〜したばかり）
7. 开【動】kāi 開く、開設する、設立する
8. 家【助数】jiā 軒、社（家庭や商店、企業を数える）
9. 奶茶【名】nǎichá ミルクをいれたお茶、ミルクティー
10. 店【名】diàn 商店、店
11. 顺便【副】shùnbiàn ついでに
12. 买【動】mǎi 買う
13. 杯【助数】bēi 杯（杯やコップなどの容器を単位として、液体の量を数える）
14. 尝【動】cháng （食物や調味料を）味わう、体験する

15. 珍珠【名】zhēnzhū タピオカ、真珠
16. 最爱【名】zuìài お気に入り、好物、最愛のもの、最愛の人
17. 那【代】nà あの、その、あれ、それ
18. 多少【代】duōshao いくら、どれほど
19. 听说【動】tīngshuō 聞くところによれば〜
20. 日元【名】Rìyuán 円、日本円
21. 贵【形】guì （値段または価値が）高い
22. 所以【接続】suǒyǐ したがって〜、だから〜
23. 价钱【名】jiàqián 値段、価格
24. 差不多【形】chàbuduō ほとんど同じ、たいして違わない
25. 应该【助動】yīnggāi （状況から判断して）〜のはずである
26. 更【副】gèng さらに、もっと
27. 一点儿【助数】yìdiǎnr 少し、ちょっと
28. 肯定【副】kěndìng 必ず、間違いなく、疑いなく

漢字の書き方に注意 jiǎntǐzì ※（ ）内は日本漢字

轻（軽） 顺（順） 买（買） 尝（嘗） 爱（愛） 贵（貴） 所（所） 价（価）
应（応） 该（該）

注释 zhùshì ポイント注釈

①存现文

中国語では、事物・事象や人などの存在、出現、消失を表す文を「存現文」といい、存在を表す「存在文」と出現、消失を表す「現象文」に大別される。構文の大きな特徴としては、日本語訳で「〜が」にあたるものが後置され、目的語として動詞の後に置かれる。

1）存在文

ある場所、時間に不特定・未知の事物や人が存在する状態を表す。

手机里	设置	着	壁纸。
地铁里	坐	着	很多人。
现在	刮	着	台风。

主語(場所／時間)＋述語動詞＋"着"＋目的語(事物／人)

携帯電話の中に壁紙が設定してあります。
地下鉄の中にたくさんの人が座っています。
いま台風が吹いています。

2）現象文

ある場所、時間に不特定・未知の事物や人が出現したり、消失したりすることを表す。動詞の後には結果補語や方向補語、もしくは"了"を置くことが一般的である。

她家	来	了	一个新的家庭教师。
学校里	走 zǒu	了	十几个留学生。
星期天	出	了	一些大事。
早上 东京	下	了	雨。

彼女の家に１人の新しい家庭教師が来ました。

学校から十数名の留学生が去りました。

日曜日にいくつの大変なことが起こりました。

朝、東京に雨が降りました。

主語(場所／時間) +述語動詞(+その他) +目的語(事物／人)

◎学校对面新开了一家奶茶店。Xuéxiào duìmiàn xīn kāile yì jiā nǎichá diàn.

②結果を表す接続詞 "所以"

接続詞 "所以" はふつう後節に用い、よく前節の接続詞 "因为" と呼応させ、「～（なので）、したがって～」、「～（だから）、したがって～」、「～（のために）、だから～」と因果複文を構成することができる。"因为" の節は原因を表し、"所以" の節はその原因に基づいて生じる結果を表す。"因为" と "所以" は単用することもできる。

因为 天气不好，	所以 我不想去了。
高玲今天感冒了，	所以 没来上课。

天気が良くないので、私は行きたくなくなりました。

高玲さんは今日風邪をひいたので、授業に来ませんでした。

(前節)"因为"　　　　　　(後節)"所以"【因果関係】

◎所以价钱差不多吧。Suǒyǐ jiàqián chàbuduō ba.

③助数詞 "一点儿"

"一点儿" は助数詞で、不定の数量(わずかな量)、または程度や数量がわずかに増減することを表し、日本語には「少し」、「ちょっと」などと訳す。文頭に来ない時や目的語になる場合、または話し言葉では、よく "一" を省略する。主な使い方は三つある。

1）名詞の前に置き、数量が少ないことを表す。

我 喝了 (一)点儿 茶。

她 有 (一)点儿 事儿。

私はお茶を少し飲みました。

彼女はちょっと用事があります。

"(一)点儿" + 名詞

2）述語動詞、または形容詞の後に置いて補語となり、程度や数量がわずかに増減することを表す。暗に比較の意味を含んでいる。

这本书 便宜 (一)点儿。

北京比上海 大 (一)点儿。

この本は少し安いです。

北京は上海より少し大きいです。

動詞／形容詞 + "(一)点儿"

3）否定文の中で用いられ、"都" や "也" と呼応して、「少しも～ない」と否定の語気を強調する働きがある。ここの "一" は省略できない。

今年 一点儿　　都　　不冷。　　　　　　　　　　今年は少しも寒くありません。

我 一点儿　　也　　没安排。　　　　　　　　　私は少しも手配しませんでした。

　　　"一点儿"＋"都"／"也"

◎应该还有更便宜一点儿的吧？ Yīnggāi hái yǒu gèng piányi yìdiǎnr de ba?

④"的"で構成されるフレーズ

　"的"フレーズとは、名詞、代名詞、形容詞、動詞などが"的"と結びつき、名詞の代わりを作るものである。"的"フレーズを構成し、前後の文脈や場面から修飾される名詞が何であるかが明確な時には、"的"フレーズが全体の代わりになり、文の中の主語や目的語になる。

1）名詞／代名詞＋"的"

这本书是杨老师的。　　　　　　　　　　　　この本は楊先生のです。

我的在家里。　　　　　　　　　　　　　　　私のは家にあります。

2）形容詞＋"的"

大的便宜。　　　　　　　　　　　　　　　　大きいのが安いです。

明天练习最难的。　　　　　　　　　　　　　明日は最も難しいのを練習します。

3）動詞／動詞フレーズ＋"的"

哪儿有吃的、喝的？　　　　　　　　　　　　どこに食べもの、飲みものがありますか？

复习英语的都在图书馆里。　　　　　　　　　英語を復習している者はみんな図書館にいます。

4）主述フレーズ＋"的"

他唱的是日本歌。　　　　　　　　　　　　　彼が歌っているのは日本の歌です。

你有不懂的请问我。　　　　　　　　　　　　あなたは分からないのがあれば、私に聞いてください。

◎应该还有更便宜一点儿的吧？ Yīnggāi hái yǒu gèng piányi yìdiǎnr de ba?

练习 liànxí 練習

◇1．下線部を置き換えて練習しなさい。

　1）学校对面新开了一家奶茶店。Xuéxiào duìmiàn xīn kāile yì jiā nǎichá diàn.

　　　　前面 qiánmiàn（前）
　　　　后面 hòumiàn（後ろ）　　　　　　　　　　　　　　　 77
　　　　旁边 pángbiān（横、そば）

　2）你知道那家店一杯多少钱吗？ Nǐ zhīdao nà jiā diàn yì bēi duōshao qián ma?

　　　　　一盒 yì hé（一箱）
　　　　　一袋 yí dài（一袋）　　　　　　　　　　　　　　　 78
　　　　　一斤 yì jīn（500グラム）

◇2．助数詞"一点儿"を用いて、次の日本語を中国語に訳しなさい。

　1）少しのパン　　　2）少しのご飯　　　3）少しのコーヒー　　　4）少しの中国料理

　5）少し速い　　　6）少し近い　　　7）少し厳しい　　　8）少し暑い

　9）少しも難しくない　　　10）少しも面白くない

　11）少しも賑やかでない　　　12）少しも疲れていない

◇3．次の中国語を日本語に訳しなさい。

　1）肯定有吧。

　2）价钱差不多。

　3）我正想轻松一下呢。

　4）珍珠奶茶是我的最爱。

◇4．日本語の意味に合わせて、中国語を並べ替えなさい。

　1）もう少し高いのもきっとあるでしょう。
　　（一点儿　还　的　更　应该　吧　有　贵）

　2）明日の授業後、私たちは一緒に東京へ街をぶらぶらしましょう。
　　（东京　我们　课　街　后　去　明天　逛　下　一起）

◇5．構造助詞"的"を用いて、次の日本語を中国語に訳しなさい。

　1）これらの辞書は図書館のです。　　　2）先生が教えたのは韓国語です。

　3）重いのが割りと高いです。　　　4）授業で作ったのは全部教室にあります。

◇6．次の質問に中国語で答えなさい。

　1）你们学校对面有奶茶店吗?　　　2）你喝没喝过珍珠奶茶?

　3）你觉得日本珍珠奶茶的价钱跟中国的差不多吗?　　　4）你的最爱是什么?

　5）你喜欢逛街吗?　　　6）你下课后常常干什么呢?

dòngnǎojīn
动脑筋

【日本の食べ物】 79

次の単語を発音し、漢字の意味をよく考えて、それが何かを当ててみよう。

　杂样煎菜饼 záyàngjiāncàibǐng
　章鱼小丸子 zhāngyúxiǎowánzi
　蛋包饭 dànbāofàn
　亲子盖浇饭 qīnzǐgàijiāofàn
　日式拉面 rìshìlāmiàn

海のシルクロードの終着点・奈良から中国を知る 【大神神社の素麺】

奈良県桜井市の三輪地区は、日本国内での素麺（そうめん）発祥の地とされています。

素麺の起源は、奈良時代に唐から伝来した唐菓子のひとつである索餅（さくべい）に由来するとの説が広まっています。現在でも、唐菓子の索餅は神社や神棚にお供えする供物として用いられます。索餅の最古の記録は、奈良市にある長屋王（天武天皇の孫）邸宅跡から出土した奈良時代の木簡（墨で文字が書かれた短冊状の木の板）です。

そして、桜井市の大神神社には素麺の起源に関する言い伝えが残っています。飢饉と疫病からの救済を神に祈願して啓示を受けます。それに従い、三輪の里で小麦を作り、水車の石臼で粉を挽き、湧き水でこねて延ばして糸状にした食物で人々を救ったのです。

これらの言い伝えから、素麺の元となるものが、奈良時代には中国からこの三輪地区に伝わり、神への信仰と共に大和の食文化として根付いたと思われます。

大神神社では毎年2月5日にその年の素麺相場をご神前で占う神事「卜定祭（ぼくじょうさい）」が執り行われます。夏の終わりには、素麺製造業者などで感謝祭が営まれ、神事の後、素麺作りを歌と踊りで表す「三輪そうめん掛唄」が奉納されます。

中国を起源とする素麺は日本でその形を変えながら食文化の一部となりました。食を通して中国をみた時、その存在は遠いようでとても近いことが分かります。同じアジアの一員として食においても深く繋がっているのです。

第14课 Dì shísì kè

あなたは何か趣味がありますか？

你有什么兴趣爱好吗？ Nǐ yǒu shénme xìngqù àihào ma?

课文 **kèwén** 本文

80　81

A：
Nǐ yǒu shénme xìngqù àihào ma?
你 有 什么 兴趣 爱好 吗?

B：
Wǒ xǐhuan kàn dòngmàn、zhuī xīng.
我 喜欢 看 动漫、 追 星。

A：
Zhēn de? Zuì xǐhuan kàn shénme dòngmàn? Zhuī shuí ya?
真 的? 最 喜欢 看 什么 动漫? 追 谁 呀?

B：
Xiǎo shíhou zuì xǐhuan kàn Làbǐ xiǎo xīn, xiànzài ài kàn
小 时候 最 喜欢 看《蜡笔 小 新》, 现在 爱 看

Hǎizéi wáng. Zhuī xīng ma, dāngrán shì zhuī Hánguó de ǒuxiàng la!
《海贼 王》。追 星 嘛, 当然 是 追 韩国 的 偶像 啦!

Nǐ ne?
你 呢?

A：
Wǒ jì xǐhuan tī zúqiú、dǎ bàngqiú, yě ài dǎ yóuxì.
我 既 喜欢 踢 足球、 打 棒球, 也 爱 打 游戏。

B：
Wǒ yǒushí yě huì dǎda yóuxì de.
我 有时 也 会 打打 游戏 的。

A：
Shì ma? Nà fàngjià hòu wǒmen
是 吗? 那 放假 后 我们

yìqǐ dǎ yóuxì wánr ba.
一起 打 游戏 玩儿 吧。

B：
Hǎo de, kě wǒ shuǐpíng bù gāo,
好 的, 可 我 水平 不 高,

qǐng nǐ duō duō zhǐjiào a!
请 你 多 多 指教 啊!

Hā hā!
哈 哈!

生词 shēngcí 新出単語

82

1. 兴趣【名】xìngqù 興味、趣味
2. 爱好【名】àihào 趣味、たしなむ（こと）
   【動】 好む、愛好する
3. 动漫【名】dòngmàn アニメーション
4. 追【動】zhuī 追う、追いかける、夢中になる
5. 星【名】xīng スター
6. 谁【代】shuí だれ（の）、どなた（の）
7. 呀【助】ya （ある種の語気を表す）
8. 小时候【名】xiǎo shíhou 小さい時、幼い頃
9. 蜡笔小新【固有】Làbǐ xiǎo xīn
   クレヨンしんちゃん
10. 爱【動】ài 好む、好きである
11. 海贼王【固有】Hǎizéi wáng ワンピース
12. 嘛【助】ma （文中の切れ目に用い、聞き手の
    注意を促す）
13. 韩国【固有】Hánguó 韓国

14. 偶像【名】ǒuxiàng アイドル
15. 既～也～ jì～ yě～ ～であり、～でもある
16. 踢【動】tī 蹴る、蹴とばす
17. 足球【名】zúqiú サッカー、サッカー用のボール
18. 打【動】dǎ （ある種の）遊戯をする、
    プレーをする
19. 棒球【名】bàngqiú 野球
20. 有时【副】yǒushí 時には、ある時は
21. 会【助動】huì ～するであろう、
    ～するものである
22. 放假【動】fàng jià 休みになる、休暇
23. 可【接続】kě ただし、ただ、しかし、でも
24. 水平【名】shuǐpíng （到達した）水準、レベル
25. 指教【動】zhǐjiào 教え導く、指導する
26. 哈【擬音】hā ははは、わはは（口を大きく開
    けて笑う声）

漢字の書き方に注意 jiǎntǐzi ※（ ）内は日本漢字

兴（興） 动（動） 谁（誰） 蜡（蝋） 笔（筆） 贼（賊） 韩（韓）

注释 zhùshì ポイント注釈

①並列関係を表す "既～也～"

　副詞 "既" は前節に用い、後節の副詞 "也" や "又 yòu" などと呼応させ、二つの状態や性質、或いは動作が並存・並列することを表す。日本語の「～でもあり、また～でもある」、「～したり～したりする」に相当する。

我们学校的食堂 既 大,　　　　也 非常漂亮。

他　　　　既 喜欢听中国歌, 也 喜欢听日本歌。

　　（前節）"既"　　　　（後節）"也"【並列関係】

私たちの学校の食堂は大きくて、また非常に綺麗です。

彼は中国の歌を聞くのも好きですし、日本の歌を聞くのも好きです。

◎我既喜欢踢足球、打棒球, 也爱打游戏。
　　　　Wǒ jì xǐhuan tī zúqiú、dǎ bàngqiú, yě ài dǎ yóuxì.

②会〜的

　ここの助動詞 "会" は主観的な見通し、予見、推測を表す。主に動作の発生する可能性や状況が現れる可能性が「あり得る／あり得ない」、「はずだ／はずがない」などの意味を表す。文末にはよく断定の意味を表す語気助詞 "的" をともなう。

寒假她　　会 带学生去北京、上海玩儿 的。		
下个月天气 会　　　　　凉快　　　　　的。		
"会"＋　　　動詞／形容詞＋　　　"的"		

冬休みに彼女は学生を連れて北京、上海へ遊びに行くはずです。

来月天気が涼しくなるだろう。

◎我有时也会打打游戏的。Wǒ yǒushí yě huì dǎda yóuxì de.

③離合動詞

　中国語の二音節動詞の中には、それ自体一つの単語として使われることもあれば、「動詞＋目的語」の構造であるため、分離して使われることもある。このような動詞のことを「離合動詞」という。

　習った中国語の中に "开学"、"留学"、"上学"、"出门"、"害羞"、"加油"、"打工"、"上课"、"发烧"、"放假" などの離合動詞がある。離合動詞は以下の状況において、よく分離して使われる。

１）動詞を重ねる場合（AAB 型）
　　暑假他想去打打工。

夏休みに彼は少しアルバイトがしたいです。

２）限定語をともなう場合
　　最近留个学太麻烦了。

最近ちょっとした留学も大変面倒です。

３）程度補語をともなう場合
　　你上学上得很早吗?

あなたは学校に行くのがとても早いですか？

４）時量補語をともなう場合
　　我们每天上三个小时课。

私たちは毎日３時間授業を受けます。

５）動量補語をともなう場合
　　我星期天中午得出一趟门。

私は日曜日の昼に１回外出しなければなりません。

◎放假后我们一起打游戏玩儿吧。Fàngjià hòu wǒmen yìqǐ dǎ yóuxì wánr ba.

練習 liànxí 練習

◇1．下線部を置き換えて練習しなさい。

1）当然是<u>追</u><u>韩国的偶像</u>啦！Dāngrán shì zhuī Hánguó de ǒuxiàng la!　 83
　　　　歌星 gēxīng（スター歌手）
　　　　影星 yǐngxīng（映画スター）
　　　　球星 qiúxīng（スター選手）

2）我既喜欢<u>踢足球、打棒球</u>，也爱<u>打游戏</u>。　 84
　　　　　　　　Ⓐ　　　　　　　　Ⓑ
　　　　　　　Wǒ jì xǐhuan tī zúqiú、dǎ bàngqiú, yě ài dǎ yóuxì.

　　　┌ 游泳 yóuyǒng（水泳）
　Ⓐ │ 看电影 kàn diànyǐng（映画を見る）
　　　└ 听古典音乐 tīng gǔdiǎn yīnyuè（クラシック音楽を聴く）
　　　　　　　　┌ 弹钢琴 tán gāngqín（ピアノを弾く）
　　　　　　Ⓑ │ 看电视剧 kàn diànshìjù（ドラマを見る）
　　　　　　　　└ 听流行歌曲 tīng liúxíng gēqǔ（流行歌を聴く）

◇2．"会～的" を用いて、次の日本語を中国語に訳しなさい。

1）気分がよくなるだろう　　　2）気恥ずかしくなるだろう

3）好きになるはずです　　　　4）頑張るはずです

5）見えるはずです　　　　　　6）分かるはずです

◇3．次の中国語を日本語に訳しなさい。

1）我水平不高。

2）请你多多指教啊！

3）你最喜欢看什么动漫?

4）你有什么兴趣爱好吗?

◇4．日本語の意味に合わせて、中国語を並べ替えなさい。

1）休みになったら、私たちは一緒にパンダを見に行きましょう。
　（去　后　吧　大熊猫　我们　一起　放假　看）

2）小さい時はアニメが一番好きで、今はスターの追っかけがもっと好きになりました。
　（星　动漫　时候　现在　了　爱　最　追　小　喜欢　更）

◇5．次の離合詞を用いて、1）～8）の日本語を中国語に訳しなさい。

　　　开学　留学　上学　出门　打工　上课　发烧　放假

1）東京大学は始業してからまだ1週間です。

2）彼女は今日2回外出しました。

3）私は毎日3時間学校に通っています。

4）明日、私たちは半日授業を受けます。

5）あなたは毎週何日アルバイトをしていますか。

6）夏は1カ月休みになります。

7）彼は日本へ5週間ほど留学に来たことがあります。

8）高玲さんは4日間熱が出たので、学校へ授業を受けに行きませんでした。

◇6．次の質問に中国語で答えなさい。

1）你喜不喜欢看动漫?

2）你小时候看过什么动漫吗?

3）你看没看过中国的动漫?

4）你追星吗?

5）你打不打游戏?

6）你有什么兴趣爱好吗?

【日本の漫画・アニメ】85

次の単語を発音し、漢字の意味をよく考えて、それが何かを当ててみよう。

《龙珠》Lóngzhū

《火影忍者》Huǒyǐngrěnzhě

《灌篮高手》Guànlángāoshǒu

《机动战士高达》JīdòngzhànshìGāodá

《刀剑神域》Dāojiànshényù

动脑筋 dòngnǎojīn

海のシルクロードの終着点・奈良から中国を知る　【大安寺】

大安寺は、聖徳太子が創建した官立寺院の始まりであり、名と場所を変え平城京に移ってから大安寺となります。

当時は70mを超す七重塔が東西に並び、800人以上の僧侶が居住する大寺院でした。

この大安寺の建立を指揮したのは、唐への留学から帰国した遣唐僧・道慈律師（どうじりっし）です。道慈律師は長安の西明寺で16年間学びました。西明寺は迎賓館としての性格をもった名刹で、インドの祇園精舎（釈迦が説法を行った場所）の影響を受けています。道慈律師はその西明寺の伽藍を模して大安寺を造ったといわれています。後に弘法大師・空海はその伽藍の壮麗さを賞賛しています。

大安寺の全盛期にはインドやベトナム、唐の外国僧が滞在し、鑑真和上の招聘に尽力した遣唐使の栄叡と普照も大安寺の学僧でした。伝教大師・最澄と弘法大師・空海は大安寺で学んだ後に唐へ留学し、天台宗と真言宗を日本に伝えることとなります。

平安時代以後、大安寺は徐々に衰退します。火災や落雷で主要堂塔を焼失して以後は、かつての隆盛を回復することはありませんでした。近代になり復興が進んでいます。

大安寺の歴史を紐解くだけでも、仏教で結びついた日本と中国の深い関係を知ることができます。

現在は癌封じのお寺として信仰を集めています。参拝者が、青竹の筒に入れて温めたお酒を飲んで無病息災を祈る「笹酒祭り」が、光仁天皇の命日に行われます。奈良時代に62歳という高齢で帝位に就かれた光仁天皇が、大安寺の境内で竹に注いだ酒を召し上がり、健康を保たれたとされる故事にあやかったと伝えられています。

あなたはどこに行きましたか？

你去了什么地方？　Nǐ qùle shénme dìfang?

课文 kèwén **本文**

86　87

A：Huángjīnzhōu wǒ qù nǐ jiā zhǎoguo nǐ, nǐ què bú zài.
黄金周　我　去　你　家　找过　你，你　却　不　在。

B：Wǒ chūguó lǚyóu le.
我　出国　旅游　了。

A：Nǐ yòu qù lǚyóu la? Qùle shénme dìfang?
你　又　去　旅游　啦？去了　什么　地方？

B：Wǒ de Hànyǔ lǎoshī gàosu wǒ Běijīng jì dà yòu piàoliang,
我　的　汉语　老师　告诉　我　北京　既　大　又　漂亮，

yǒu hěn duō míngshèng gǔjì.
有　很　多　名胜　古迹。

A：Nà nǐ qù Běijīng le? Shì yí ge rén qù de ma?
那　你　去　北京　了？是　一　个　人　去　的　吗？

B：Duì, wǒ yìzhí xiǎng qù Chángchéng、Gùgōng、Tiāntán、Yíhéyuán hé
对，我　一直　想　去　长城、　故宫、天坛、颐和园　和

Tiān'ānmén guǎngchǎng kànkan, zhè cì
天安门　广场　看看，这　次

yí ge rén quánbù zǐxìde qù
一　个　人　全部　仔细地　去

cānguān le.
参观　了。

A：Chī Běijīng kǎoyā le méiyou?
吃　北京　烤鸭　了　没有？

B：Shìjiè wénmíng de Běijīng kǎoyā
世界　闻名　的　北京　烤鸭

néng bù chī ma?
能　不　吃　吗？

生词 shēngcí 新出単語 88

1. 黄金周【名】huángjīn zhōu　ゴールデンウィーク
2. 找【動】zhǎo　訪ねる、会う
3. 却【副】què　〜のに、かえって、〜にもかかわらず、ところが
4. 出国【動】chūguó　外国へ行く、外遊する
5. 旅游【動】lǚyóu　観光旅行
6. 又【副】yòu　また
7. 地方【名】dìfang　ところ、場所
8. 名胜【名】míngshèng　名勝、名所
9. 古迹【名】gǔjì　旧跡
10. 是〜的 shì 〜 de　〜のである
11. 一直【副】yìzhí　ずっと、一貫して、絶え間なく
12. 长城【固有】Chángchéng　万里の長城
13. 故宫【固有】Gùgōng　故宮
14. 天坛【固有】Tiāntán　天壇
15. 颐和园【固有】Yíhéyuán　頤和園
16. 天安门【固有】Tiān'ānmén　天安門
17. 广场【名】guǎngchǎng　広場
18. 全部【名】quánbù　全部（の）、あらゆる、すべて
19. 仔细【形】zǐxì　注意深い、綿密である、細心である、子細な
20. 地【助】de　（他の語句の後につけて、動詞、形容詞の修飾語を作る）
21. 参观【動】cānguān　参観（する）、見学（する）、見物（する）
22. 烤鸭【名】kǎoyā　ロースト・ダック、アヒルの丸焼き
23. 世界【名】shìjiè　世界
24. 闻名【動】wénmíng　名高い、有名である、知られている

漢字の書き方に注意 jiǎntǐzì　※（ ）内は日本漢字

旅（旅） 胜（勝） 迹（跡） 宫（宮） 坛（壇） 颐（頤） 园（園） 场（場）
细（細） 观（観） 鸭（鴨） 闻（聞）

注释 zhùshì ポイント注釈

① "是〜的" 構文

"是〜的" を用いて、過去の動作や事柄に関わる「時間（いつ）」、「場所（どこ）」、「方法・手段（どうやって）」、「関与者（誰）」、「原因・目的（なぜ）」などの情報を焦点に強調する文を "是〜的" 構文という。強調する内容は "是" の後に置き、"的" はふつう文末に置く。"是" はほとんど省略できるが、"的" は省略できない。

我	是	今天上午	去	银行	的。
林良平	是	在中国	学习	汉语	的。
他	是	坐地铁	来	学校	的。

"是"＋強調する内容＋動詞述語＋目的語＋"的"

私は今日の午前に銀行に行ったのです。

林良平さんは中国で中国語を勉強したのです。

彼は地下鉄で学校に来たのです。

◎是一个人去的吗？ Shì yí ge rén qù de ma?

②構造助詞 "地"

　　他の語句の後に "地 de" をつけて、動詞や形容詞などの修飾語を作り、文全体の連用修飾語を構成する。

　　連用修飾語とは、文の中で述語を修飾し、述語に関わる時間、場所、程度、範囲、様態、原因、受動、反復及び肯定と否定などについて説明する成分である。

　　"地" は連用修飾語のマークであるが、連用修飾語のすべてに "地" がつくのではない。修飾語が "地" を用いる場合と用いない場合の条件はやや複雑であるが、形容詞が連用修飾語となる時には、三つのケースがある。

１）一音節形容詞が連用修飾語となる時、後に "地" を用いない。

你们　　快　　去　　游泳池　吧。

我们　　多　　练习　　　就 会 进步 的。

主語＋連用修飾語＋述語＋目的語

> あなたたちははやくプールに行ってください。
> 私たちはたくさん練習しさえすれば、上達するはずです。

２）二音節形容詞が連用修飾語となる時、後によく "地" を用いる。

他　　　用功　地　学习 汉语。

老师　严格　地　教　学生 每一个发音。

主語＋連用修飾語＋"地"＋述語＋目的語

> 彼は真剣に中国語を勉強します。
> 先生は学生に１つ１つの発音を厳しく教えます。

３）形容詞の前にも連用修飾語がある時、後によく "地" を用いる。

她　常常很　早　地　来　饭店里 打工。

我　明天 一定 确切　地　告诉　你 上课的时间。

主語＋連用修飾語＋形容詞＋"地"＋述語＋　目的語

> 彼女はいつも大変早くレストランに来てアルバイトをします。
> 私は明日必ずあなたに授業の時間を確実に教えます。

◎这次一个人全部仔细地去参观了。Zhè cì yí ge rén quánbù zǐxìde qù cānguān le.

③反復疑問文 "～没有？"

　　述語動詞の後にアスペクト助詞 "了"、"着"、"过" など、或いは文末に語気助詞 "了" がついた文を反復疑問文にする場合は、二つの形になる。

１）動詞の肯定形と否定形を並べて、アスペクト助詞 "了" や語気助詞 "了" の場合は "了" を取るが、アスペクト助詞 "着" や "过" などの場合はそのまま残す。

你　喝　　没喝　　　乌龙茶?

他　看　　没看　　过 汉语杂志?

主語＋述語の肯定形＋述語の否定形(＋"着"／"过")＋目的語

> あなたは烏龍茶を飲みましたか？
> 彼は中国語雑誌を読んだことがありますか？

２）文末に "没有" を加える。

你　喝　　了　乌龙茶　　没有?

你　喝　　　乌龙茶 了　没有?

他　看　过　汉语杂志　　没有?

主語＋述語(＋"了"／"着"／"过")＋目的語(＋"了")＋"没有"

> あなたは烏龍茶を飲みましたか？
> あなたは烏龍茶を飲みましたか？
> 彼は中国語雑誌を読んだことがありますか？

◎吃北京烤鸭了没有？ Chī Běijīng kǎoyā le méiyou?

④反語文 "能～吗？"

　疑問文の形を用いて、実は疑問ではなく、真意を強調するためにわざと言葉を裏返しにして表現する文を「反語文」という。話し手は疑問を表さず、しかも話し手と聞き手はいずれも明らかにその答えを知っている。肯定形の反語文は否定の意味を強調し、否定形の反語文は肯定の意味を強調する。

　諾否疑問文 "能～吗？" は反語文の一種で、「(～することができるだろうか、いや) 絶対～することができない」と強い否定を表す。強調する内容は "能" と "吗" の間に入れる。肯定を強調する時には、否定形の "能不～吗？" を用いて表現する。

七月还没放假，我们　能 去　韩国 旅游 吗？
中国人那么多，　　　能 不热闹　　　吗？

主語＋ "能" ＋述語＋目的語＋ "吗"

◎世界闻名的北京烤鸭能不吃吗？

Shìjiè wénmíng de Běijīng kǎoyā néng bù chī ma?

7月はまだ休みになっていません、私たちは韓国へ旅行に行けますか？
→7月はまだ休みになっていないから、私たちは絶対に韓国へ旅行に行けません。

中国人がこんな多いですが、にぎやかにならないのですか？
→中国人がこんな多いから、にぎやかになるはずです。

练习　liànxí　練習

◇1．下線部を置き換えて練習しなさい。

1）是一个人去的吗？ Shì yí ge rén qù de ma?
　　结伴 jié bàn（連れ立つ）
　　开车 kāi chē（車を運転する）
　　坐飞机 zuò fēijī（飛行機に乗る）

 89

2）世界闻名的北京烤鸭能不吃吗？ Shìjiè wénmíng de Běijīng kǎoyā néng bù chī ma?
　　　　川菜 Chuāncài（四川料理）
　　　　粤菜 Yuècài（広東料理）
　　　　京菜 Jīngcài（北京料理）

 90

◇2．"是～的" を用いて、次の日本語を中国語に訳しなさい。

1）彼は朝6時に北海道へ行ったのですか。

2）私は自転車で図書館に来たのです。

3）あなたたちはどこで歌ったのですか。

4）彼女はボーイフレンドと一緒に旅行に行ったのです。

◇3．次の中国語を日本語に訳しなさい。

1）我出国旅游了。

2）去了什么地方?

3）吃北京烤鸭了没有?

4）这次一个人全部仔细地去参观了。

◇4．日本語の意味に合わせて、中国語を並べ替えなさい。

1）中国の友達が私に南京は賑やかで、綺麗であることを教えてくれました。
（南京　朋友　漂亮　既　告诉　热闹　中国　又　我）

2）新年あけて、私たちは大学へ高先生に会いに行きましたが、彼はいませんでした。
（他　大学　找　后　不　我们　却　去　高老师　在　新年　过）

◇5．次の諾否疑問文を反復疑問文 "～没有?" にし、それぞれ肯定と否定で答えなさい。

1）杨老师黄金周出国旅游了吗?

2）他以前去过长城吗?

3）林良平的手机里设置着壁纸吗?

4）你去参观了世界闻名的故宫和天安门吗?

◇6．次の質問に中国語で答えなさい。

1）今年黄金周你干什么了?

2）你喜欢旅游吗?

3）你去过日本的什么地方?

4）日本的名胜古迹多不多?

5）你听说过北京烤鸭吗?

6）你吃过北京烤鸭没有?

dòngnǎojīn
动脑筋

【日本的な土産】 91

次の単語を発音し、漢字の意味をよく考えて、それが何かを当ててみよう。

人偶　rén'ǒu
不倒翁　bùdǎowēng
招财猫　zhāocáimāo
彩绘信笺　cǎihuìxìnjiān
护身符　hùshēnfú

海のシルクロードの終着点・奈良から中国を知る 【御蓋山】

「天の原 ふりさけ見れば 春日なる 三笠の山 に 出でし月かも」

作者の阿倍仲麻呂は、若くして学才を認めら れ、遣唐使として唐に渡ったのは、奈良時代の 717年。唐でその秀才ぶりを発揮し、玄宗皇 帝に重用され官吏として活躍しました。しかし、 あまりに気に入られたため、日本に帰ることを なかなか許してもらえませんでした。この歌が 詠まれたのは、仲麻呂が玄宗皇帝から許しを得 て帰国の途に就こうとした際に開かれた餞別の 宴でのことでした。

「天の原 ふりさけ見れば 春日なる 三笠の山 に 出でし月かも」

広々とした大空をはるかに仰いで見ると、今 まさに帰ろうとしている故郷・春日の御蓋山で 見た月と同じ月が昇っている。

唐での長い滞在の末、帰郷への思いがあふれ 出た歌なのです。しかし、仲麻呂の乗った遣唐 使船は難破し、現在のベトナムに漂着。結局、 日本に戻ることなく、770年に唐でその生涯 を終えます。

歌に詠まれている三笠山は、現代では山焼き で知られる若草山を指すこともあります。しか し、仲麻呂が詠んだ三笠山は、春日大社の東に ある御蓋山のことです。神の山として崇敬の対 象になっています。御蓋山は眺める場所や天候 によって、様々な表情を見せてくれます。時に は背後にある春日山連山に溶け込んでその存在 感を消すこともあります。独立した山として 堂々とした姿を現す時もあります。阿倍仲麻呂 が遥か遠く唐の地で望郷の念を抱き、どのよう な御蓋山を思い浮かべてこの歌を詠んだのか、 そんなことを想像しながら御蓋山を眺めてみて はいかがでしょうか。

１．基本文型

１）存現文⑬

◆学校对面新开了一家奶茶店。

２）"是～的" 構文⑮

◆是一个人去的吗?

２．疑問文

１）反復疑問文 "～没有?" ⑮

◆吃北京烤鸭了没有?

２）反語文 "能～吗?" ⑮

◆世界闻名的北京烤鸭能不吃吗?

３．複文

１）転折関係を表す "虽然～但是～" ⑪

◆虽然冬天也冷，夏天也热，但是春天挺暖和的，秋天比较凉快。

２）並列関係を表す "也～也～" ⑪

◆冬天也冷，夏天也热。

３）仮定関係を表す "要是～就～" ⑫

◆要是流感就糟了。

４）仮定や譲歩関係を表す "即使～也～" ⑫

◆即使感冒，不吃药也不行。

５）結果を表す接続詞 "所以" ⑬

◆所以价钱差不多吧。

６）並列関係を表す "既～也～" ⑭

◆我既喜欢踢足球、打棒球，也爱打游戏。

4．その他

1）"一～就～"⑪

◆一下雪就冷极了。

2）"～极了"⑪

◆冷极了。

3）二重否定の"不～不～"⑫

◆不吃药不行。

4）助数詞"一点儿"⑬

◆应该还有更便宜一点儿的吧？

5）"的"で構成されるフレーズ⑬

◆应该还有更便宜一点儿的吧？

6）"会～的"⑭

◆我有时也会打打游戏的。

7）離合動詞⑭

◆放假后我们一起打游戏玩儿吧。

8）構造助詞"地"⑮

◆这次一个人全部仔细地去参观了。

単語リスト

*第1〜15課の「新出単語」をピンインアルファベット順に排列した。○内の数字は課を示す。

品詞表（本書で用いた品詞略号は下記の通りです）
【名】名詞　【動】動詞　【形】形容詞　【代】代名詞　【数】数詞　【助数】助数詞　【助動】助動詞
【副】副詞　【助】助詞　【前置】前置詞　【感嘆】感嘆詞　【接続】接続詞　【擬音】擬音詞　【固有】固有名詞

【A】

啊【感嘆】	à　ああ（驚嘆したり、感心したりする時に発する言葉）⑩	
啊【助】	a　（感嘆の意を表す）①	
爱【動】	ài　好む、好きである⑭	
爱好【名】	àihào　趣味、たしなむ（こと）⑭	
【動】	好む、愛好する⑭	
安排【動】	ānpái　（物事を）都合よく処理する、手配する、段取りをする⑤	

【B】

把【前置】　bǎ　〜を（〜する）⑩
吧【助】　ba　〜してください、〜しましょう④
吧【助】　ba　〜でしょう⑥
棒球【名】　bàngqiú　野球⑭
报酬【名】　bàochou　報酬、謝礼⑨
杯【助数】　bēi　杯⑬
北方【名】　běifāng　北（の方）、北方⑪
北海道【固有】　Běihǎidào　北海道⑪
北京【固有】　Běijīng　北京②
被【前置】　bèi　〜に、〜から（〜される、〜られる）⑥
背诵【動】　bèisòng　暗唱する⑦
比【前置】　bǐ　〜より、〜に比べて⑨
比较【副】　bǐjiào　比較的、わりに⑪
壁纸【名】　bìzhǐ　壁紙⑥
遍【助数】　biàn　回、へん（はじめからおわりまで一通り）⑦
别【副】　bié　〜するな（禁止命令）④
并且【接続】　bìngqiě　しかも、かつ、また、そうして⑨
不错【形】　búcuò　いい、よい、悪くない⑦

不但〜而且〜　búdàn〜érqiě〜　〜ばかりでなく、その上さらに〜、〜のみならず〜も②
不过【接続】　búguò　但し、しかし、ただ、でも②
不好意思　bù hǎoyìsi　気恥ずかしい、申し訳ない気持ち⑤

【C】

猜【動】　cāi　（なぞや答えなどを）当てる、当てようとする、推量する⑥
才【副】　cái　やっと、ようやく、〜してこそはじめて〜④
参观【動】　cānguān　参観（する）、見学（する）、見物（する）⑮
差不多【形】　chàbuduō　ほとんど同じ、たいして違わない⑬
尝【動】　cháng　（食物や調味料を）味わう、体験する⑬
常常【副】　chángcháng　いつも、しばしば、しょっちゅう⑪
长城【固有】　Chángchéng　万里の長城⑮
成【動】　chéng　〜にする、〜となる⑩
冲绳【固有】　Chōngshéng　沖縄⑪
出国【動】　chūguó　外国へ行く、外遊する⑮
初级【形】　chūjí　初級（の）、初等（の）①
出门【動】　chūmén　家を出る、外出する③
处【名】　chù　ところ⑧
春天【名】　chūntiān　春⑪
词【名】　cí　語、単語⑩
次【助数】　cì　回、度⑦
从【前置】　cóng　〜から③
从来【副】　cónglái　いままで、これまで、かつて②

错【形】	cuò 間違っている、正確でない、正しくない	④

【D】

打【動】	dǎ （アルバイトを）する	⑨
打【動】	dǎ （ある種の）遊戯をする、プレーをする	⑭
打工【動】	dǎgōng アルバイト（をする）	⑤
大【形】	dà 大きい	⑧
大概【副】	dàgài たぶん、だいたい	③
大熊猫【名】	dàxióngmāo パンダ	⑥
带【動】	dài 持つ	⑧
当【動】	dāng 担当する、～になる	⑨
到【前置】	dào ～まで	③
得【助】	de （動詞や形容詞の後に用い、程度や可能を表す補語を導く）	⑦
地【助】	de （他の語句の後につけて、動詞、形容詞の修飾語を作る）	⑮
得【助動】	děi ～しなければならない、～する必要がある	①
等【動】	děng 待つ	⑩
地方【名】	dìfang ところ、場所	⑮
地铁【名】	dìtiě 地下鉄	③
店【名】	diàn 商店、店	⑬
定【動】	dìng 決める、決定する	⑤
冬天【名】	dōngtiān 冬	⑪
懂【動】	dǒng 分かる、理解する	⑧
动漫【名】	dòngmàn アニメーション	⑭
读【動】	dú 読む	④
度【名】	dù 度	⑫
对【前置】	duì ～に対して（対人関係や対人態度を表す）	⑦
对【形】	duì そうです、その通りです、正しい	⑨
对不起	duìbuqǐ 申し訳ない、すみません、（～に対して）すまないと思う	⑩
对面【名】	duìmiàn 真向かい、真正面、向こう	⑬
多长【代】	duōcháng どれほど	②

多亏【副】	duōkuī ～のおかげである、幸いに	⑦
多少【代】	duōshao いくら、どれほど	⑬

【F】

发烧【動】	fāshāo 熱が出る、体温が高くなる	⑫
发音【名】	fāyīn 発音	①
翻译【動】	fānyì 翻訳する、通訳する、訳す	⑩
饭店【名】	fàndiàn レストラン、料理店	⑨
放假【動】	fàng jià 休みになる、休暇	⑭
非常【副】	fēicháng 非常に、きわめて、たいへん	②
复习【動】	fùxí 復習（する）	①

【G】

感冒【名】	gǎnmào 風邪	⑫
【動】	風邪を引く	⑫
干【動】	gàn （仕事）をする、やる	①
刚【副】	gāng ～したばかり、～して間もない	⑫
刚才【副】	gāngcái 先ほど	⑥
高【形】	gāo 高い	⑨
告诉【動】	gàosu 知らせる、告げる、教える	⑤
个【助数】	ge 箇、個	②
给【前置】	gěi ～に	⑧
跟【接続】	gēn ～と	⑧
更【副】	gèng さらに、もっと	⑬
工作【名】	gōngzuò 仕事（する）、職業	⑨
够~的	gòu~de ずいぶん、たいへん、すごく	③
古迹【名】	gǔjì 旧跡	⑮
故宫【固有】	Gùgōng 故宮	⑮
刮【動】	guā （風が）吹く	⑪
光【副】	guāng ただ、だけ（範囲を限定する）	⑫
广场【名】	guǎngchǎng 広場	⑮
广告【名】	guǎnggào 広告、コマーシャル、ＣＭ	⑧

逛【動】	guàng	ぶらぶら歩く、散歩する、散策する、見物する ⑬
贵【形】	guì	（値段または価値が）高い ⑬
国土【名】	guótǔ	国土、領土 ⑪
过【助】	guo	～したこと(経験)がある ②

【H】

哈【擬音】	hā	ははは、わはは（口を大きく開けて笑う声） ⑭
还【副】	hái	まだ、もっと ①
还是【接続】	háishi	それとも ⑦
还有【接続】	háiyǒu	それから、そして、その上に ④
海贼王【固有】	Hǎizéi wáng	ワンピース ⑭
害羞【動】	hàixiū	恥ずかしがる、はにかむ ④
韩国【固有】	Hánguó	韓国 ⑭
寒假【名】	hánjià	冬休み ②
好【形】	hǎo	ちゃんと～し終わる、立派に完成する、完璧に出来上がる ④
好【副】	hǎo	ずいぶん、なん～も ⑦
好【形】	hǎo	よろしい、はい（同意、承諾を表す） ⑧
和【接続】	hé	～と ⑥
合影【名】	héyǐng	ツーショット、2人以上の人が一緒に写っている写真 ⑥
后【名】	hòu	後 ①
换【動】	huàn	換える、替える ⑨
黄金周【名】	huángjīn zhōu	ゴールデンウィーク ⑮
会【助動】	huì	～するであろう、～するものである ⑭

【J】

～极了	～jíle	すごく～、～たまらない、とても ⑪
即使～也～	jíshǐ～yě～	たとえ～としても～、仮に～としても～ ⑫
既～也～	jì～yě～	～であり、～でもある ⑭

家【助数】	jiā	軒、社（家庭や商店、企業を数える） ⑬
家庭【名】	jiātíng	家庭 ⑨
加油【動】	jiāyóu	頑張る ④
价钱【名】	jiàqián	値段、価格 ⑬
叫【動】	jiào	（～に～）させる ⑤
教师【名】	jiàoshī	教師 ⑨
街【名】	jiē	街、大通り ⑬
今年【名】	jīnnián	今年 ②
进步【動】	jìnbù	進歩（する） ⑦
就【副】	jiù	もう、すでに、とっくに ③
觉得【動】	juéde	感じる、～と思う、～のような気がする ⑫

【K】

开【動】	kāi	開く、開設する、設立する ⑬
开学【動】	kāixué	始業（する）、学校が始まる ①
看【動】	kàn	見る ⑥
看【動】	kàn	診察する、診察を受ける ⑫
看见【動】	kànjiàn	目に入る、見える ⑧
烤鸭【名】	kǎoyā	ロースト・ダック、アヒルの丸焼き ⑮
咳嗽【動】	késou	咳（をする）、咳が出る ⑫
可【接続】	kě	ただし、ただ、しかし、でも ⑭
可能【副】	kěnéng	かも知れない、らしい ⑫
可以【形】	kěyǐ	まずまずよろしい、そう悪くない、まあまあ ⑧
课文【名】	kèwén	教科書中の本文 ⑦
肯定【副】	kěndìng	必ず、間違いなく、疑いなく ⑬
空【名】	kòng	暇、手がすいている時 ⑤
快【形】	kuài	（速度が）速い ⑦

【L】

蜡笔小新【固有】	Làbǐ xiǎo xīn	クレヨンしんちゃん ⑭
啦【助】	la	（感嘆の意味を兼ねた断定的な口調を表す） ①
来【動】	lái	来る ⑤
来回【動】	láihuí	往復する ③

了【助】	le （事柄や状況の発生、動作や行為の完了・完成、または状態の変化などを表す）	②
累【形】	lèi 疲れる	③
冷【形】	lěng 寒い、冷たい	⑪
力气【名】	lìqi 力	⑫
脸色【名】	liǎnsè 顔の色、顔色	⑫
练习【動】	liànxí 練習（する）、けいこ（する）	④
【名】	練習問題	④
量【動】	liáng 測る	⑫
凉快【形】	liángkuai 涼しい	⑪
了解【動】	liǎojiě 理解する、分かる、知る	⑧
流感【名】	liúgǎn インフルエンザ	⑫
留学【動】	liúxué 留学（する）	②
旅游【動】	lǚyóu 観光旅行	⑮

【M】

麻烦【動】	máfan 面倒をかける、手数をかける、煩わす	⑩
嘛【助】	ma （文中の切れ目に用い、聞き手の注意を促す）	⑭
买【動】	mǎi 買う	⑬
没【動】	méi 持っていない、ない	⑫
没关系	méi guānxi 大丈夫、かまわない、心配ない	⑩
没有【動】	méiyǒu （〜ほど）ではない	⑨
每【代】	měi それぞれ、〜ごとに	③
名胜【名】	míngshèng 名勝、名所	⑮
没收【動】	mòshōu 没収（する）、取り上げる	⑥

【N】

哪里【代】	nǎli いやいや、どういたしまして（相手に褒められた時や感謝された時の謙遜語）	①
那【代】	nà あの、その、あれ、それ	⑬
那么【接続】	nàme それでは、それじゃ	⑧
那么【代】	nàme 〜のように、〜ほど(に)	⑨
奶茶【名】	nǎichá ミルクをいれたお茶、ミルクティー	⑬
难【形】	nán 難しい	①

南方【名】	nánfāng 南（の方）、南方	⑪
呢【助】	ne （事実を相手に確認させる。やや誇張の語調を含む）	⑦
您【代】	nín あなた、あなたさま	④
努力【動】	nǔlì 努力する	①
暖和【形】	nuǎnhuo 暖かい	⑪

【O】

偶像【名】	ǒuxiàng アイドル	⑭

【P】

怕【動】	pà 恐れる、怖がる、びくびくする	④
漂亮【形】	piàoliang きれい、美しい	⑥

【Q】

起来【動】	qǐlái 起きる、起き上がる	⑫
气候【名】	qìhòu 気候	⑪
轻松【動】	qīngsōng （精神的に）気楽にする、リラックスする	⑬
秋天【名】	qiūtiān 秋	⑪
全部【名】	quánbù 全部（の）、あらゆる、すべて	⑮
却【副】	què 〜のに、かえって、〜にもかかわらず、ところが	⑮
确切【形】	quèqiè 確実である、確かである	⑤

【R】

让【動】	ràng （〜に〜）させる	⑥
热【形】	rè 暑い、熱い	⑪
热闹【形】	rènao にぎやかである	②
日语【名】	Rìyǔ 日本語	⑩
日元【名】	Rìyuán 円、日本円	⑬
日子【名】	rìzi 日、期日	⑤

【S】

上海【固有】	Shànghǎi 上海	②
上课【動】	shàngkè 授業をする、授業に出る、授業が始まる、授業を始める	⑥
上学【動】	shàngxué 学校へ行く、学校に通う	③

设置【動】	shèzhì 設置する、設定する	⑥
身体【名】	shēntǐ 体、身体	⑫
生词【名】	shēngcí 新しい単語、新出単語、 知らない単語	⑦
时候【名】	shíhou 時、時刻、時間	⑤
时间【名】	shíjiān 時間	②
是【動】	shì （肯定の返事）はい、そうで す	③
是～的	shì～de ～のである	⑮
世界【名】	shìjiè 世界	⑮
事儿【名】	shìr 用、用事、事	⑤
手机【名】	shǒujī 携帯電話	⑥
舒服【形】	shūfu 気分がよい、体調がよい	⑫
暑假【名】	shǔjià 夏休み、夏期休暇	⑤
谁【代】	shuí だれ（の）、どなた（の）	⑭
水平【名】	shuǐpíng （到達した）水準、レベ ル	⑭
顺便【副】	shùnbiàn ついでに	⑬
说【動】	shuō 言う、話す、語る	④
四季【名】	sìjì 四季	⑪
虽然～但是～	suīrán～dànshì～ ～けれども～	⑪
所以【接続】	suǒyǐ したがって～、だから～	⑬

【T】

台风【名】	táifēng 台風	⑪
趟【助数】	tàng 回（一往復する動作の回 数）	⑫
疼【動】	téng 痛い、痛む	⑫
踢【動】	tī 蹴る、蹴とばす	⑭
体温【名】	tǐwēn 体温	⑫
天【名】	tiān 日	③
天安门【固有】	Tiān'ānmén 天安門	⑮
天坛【固有】	Tiāntán 天壇	⑮
听【動】	tīng （耳で）聞く	④
听说【動】	tīngshuō 聞くところによれば～	⑬
挺～的	tǐng～de とても、かなり、な かなか	⑦
同【形】	tóng 同じである	⑧
头【名】	tóu 頭、頭部	⑫

【W】

玩儿【動】	wánr 遊ぶ	⑤

为什么【代】	wèi shénme どうして、なぜ	⑥
闻名【動】	wénmíng 名高い、有名である、 知られている	⑮
问【動】	wèn 問う、尋ねる、聞く、質問 する	④
问题【名】	wèntí （解答を求める）問題、題	④

【X】

嘻【擬音】	xī エヘヘ（笑う声）	⑥
悉心【形】	xīxīn 心を尽くす、心を集中する	⑦
狭长【形】	xiácháng 細長い、狭くて長い	⑪
下【名】	xià （時間をさす）次の	⑧
下【動】	xià 降る	⑪
下【動】	xià （勤めや学校などが）ひける	⑫
夏天【名】	xiàtiān 夏	⑪
先【副】	xiān 先に、初めに、まず、とりあ えず	⑫
小时【名】	xiǎoshí 時間（時の経過を数え る単位）	③
小时候【名】	xiǎo shíhou 小さい時、幼い頃	⑭
新【形】	xīn 最近（～したばかり）、新た に（～したばかり）	⑬
星【名】	xīng スター	⑭
形【名】	xíng 形、形状、姿	⑩
行【形】	xíng よろしい、大丈夫	⑩
兴趣【名】	xìngqù 興味、趣味	⑭
许多【形】	xǔduō 多い、たくさん	⑩
学习【動】	xuéxí 学習（する）、勉強（する）	①
雪【名】	xuě 雪	⑪

【Y】

呀【助】	ya （ある種の語気を表す）	⑭
严格【形】	yángé 厳しい、厳格である	⑦
要【動】	yào （～を）必要とする	③
要【助動】	yào ～しなければならない、 ～する必要がある	⑦
药【名】	yào 薬、薬品、薬剤	⑫
要～了	yào～le もうすぐ～する、間 もなく～となる	①
要是～就～	yàoshì～jiù～ もし～なら～	⑫
也【副】	yě ～も	⑧

一～就～	yī～jiù～　～すると、すぐに～する／なる　⑪	早上【名】	zǎoshang　朝　③
医务室【名】	yīwùshì　（学校や職場の）保健室、医務室　⑫	怎么【代】	zěnme　どう、どのように　③
医院【名】	yīyuàn　病院、医院　⑫	怎么样【代】	zěnmeyàng　どうですか　②
一定【副】	yídìng　きっと、必ず、絶対に　④	怎样【代】	zěnyàng　どう、どのように　④
遗憾【動】	yíhàn　残念である、遺憾である　⑤	丈夫【名】	zhàngfu　夫　⑩
颐和园【固有】	Yíhéyuán　頤和園　⑮	找【動】	zhǎo　訪ねる、会う　⑮
一下【助数】	yíxià　ちょっと（～する）　⑤	这【代】	zhè　この、その、これ、それ　⑩
一样【形】	yíyàng　同じである、違いがない　⑨	着【助】	zhe　（～に）～ている／ある、～ていた／あった　⑥
已经【副】	yǐjing　すでに、もはや、もう　⑦	真【副】	zhēn　実に、本当に　①
以前【名】	yǐqián　以前、昔　②	真的【形】	zhēn de　本当、本当に　⑤
义【名】	yì　意味、意義　⑩	珍珠【名】	zhēnzhū　タピオカ、真珠　⑬
异【形】	yì　異なる、違う　⑩	正【副】	zhèng　ちょうど折よく、いいあんばいに　⑬
一般【形】	yìbān　普通、一般的　③	之【助】	zhī　の　⑧
一边【副】	yìbiān　～しながら（～する）　⑩	知道【動】	zhīdao　（事実を）知っている、（～が）分かる　⑧
一点儿【助数】	yìdiǎnr　少し、ちょっと　⑬		
意思【名】	yìsi　（言葉、文などの）意味　⑩	指导【動】	zhǐdǎo　指導（する）、導く　⑦
一些【助数】	yìxiē　少し、いくつかの、いくらかの　⑧	指教【動】	zhǐjiào　教え導く、指導する　⑭
一直【副】	yìzhí　ずっと、一貫して、絶え間なく　⑮	只要～就～	zhǐyào～jiù～　～さえあれば～、～さえすれば～（必要条件を表す）　⑩
因为【接続】	yīnwèi　～なので、～だから、～のために　⑥	中级【形】	zhōngjí　中級（の）、中等（の）　①
应该【助動】	yīnggāi　（状況から判断して）～のはずである　⑬	追【動】	zhuī　追う、追いかける、夢中になる　⑭
用功【形】	yònggōng　（学習に）努力する、真剣である　①	准【形】	zhǔn　正確である、確かである　⑤
游戏【名】	yóuxì　ゲーム　⑥	仔细【形】	zǐxì　注意深い、綿密である、細心である、子細な　⑮
有时【副】	yǒushí　時には、ある時は　⑭	字【名】	zì　字　⑩
有意思【形】	yǒuyìsi　面白い　②	足球【名】	zúqiú　サッカー、サッカー用のボール　⑭
又【副】	yòu　また　⑮	最爱【名】	zuìài　お気に入り、好物、最愛のもの、最愛の人　⑬
雨【名】	yǔ　雨　⑪		
原来【形】	yuánlái　もとの、以前の　⑨	最好【副】	zuìhǎo　できるだけ～したほうがよい、一番望ましい　⑫
【Z】		最近【名】	zuìjìn　最近、このごろ　⑨
再【副】	zài　（～して）それから　⑤	左右【名】	zuǒyòu　ぐらい、前後、約　③
在【前置】	zài　～で　⑨	坐【動】	zuò　（乗り物に）乗る、座る　③
在～呢	zài～ne　～している／していた　①	做【動】	zuò　作る、する、書く　⑩
糟【形】	zāo　まずい　⑫		

第1課　あなたは何をしていますか？

A：あなたは何をしていますか？

B：学校が始まったら、すぐに中級中国語を
　　勉強するので、私は初級中国語を復習しています。

A：あなたは本当に努力家ですね！

B：いえいえ。私はまだ努力して勉強しなければなりません。

A：中国語は難しいですか？

B：大変難しいです。

A：一番難しいのは何ですか？

B：もちろん発音ですね。

第2課　あなたは以前に北京へ行ったことがありますか？

A：今年の冬休みにあなたは何をしましたか？

B：私は北京へ留学に行きました。

A：どれくらい（の期間）行きましたか？

B：1カ月あまり行きました。

A：あなたは（留学）以前に北京へ行ったことがありますか？

B：（留学以前に）かつて行ったことがありませんが、上海に行ったことがあります。

A：北京、上海はどうですか？

B：非常に賑やかなだけでなく、とても面白いです。

第3課　あなたは毎日どうやって通学していますか？

A：あなたは毎日どうやって通学していますか？

B：私は地下鉄で通学しています。

A：あなたの家から学校までどれくらい
　　（の時間）かかりますか？

B：だいたい1時間半かかります。

A：それじゃ、毎日ずいぶん疲れますね。

B：そうですね。往復で3時間かかります。

A：あなたは普通、朝何時に家を出ますか？

B：7時ごろにはもう家を出なければなりません。

第4課　どうすれば中国語をマスターできますか？

A：先生、私はあなたに1つ質問をしたいです。

B：どうぞ、言ってください。

A：どうすれば中国語をマスターできますか？

B：たくさん聞き、たくさん話し、たくさん読み、たくさん練習することです。

A：ほかには？

B：恥ずかしがらないで、言い間違いを恐れないことです。

A：先生、有難うございました。私は必ず努力して中国語をマスターします。

B：頑張ってくださいね！

第5課　あなたは何か用があるのですか？

A：あなたは夏休みに暇がありますか？

B：私はアルバイトをしなければなりません。

A：そうですか？それは本当に残念ですね。

B：あなたは（私に）何か用があるのですか？

A：私はあなたに家へ遊びに来てもらいたいです。

B：本当？いつですか？月曜日は私はアルバイトをしません。

A：月曜日ですか？ごめんなさい、今はまだ確実な日にちをはっきり言えません。私はちょっと調整しなければならないですから。

B：それでは、あなたが時間を決めたら、私に教えて下さい。

第6課　あなたの携帯電話は？

A：あなたの携帯電話に何の壁紙を
　　待ち受け画面にしていますか？

B：私とガールフレンドのツーショットです。

A：私にちょっと見せて下さい。あなたのガールフレンドは本当にきれいですね。

B：エヘヘ。あなたの携帯電話は？

A：私の携帯電話の壁紙はパンダです。でも、さっき先生に取り上げられてしまいました。

B：なぜですか？

A：当ててみて下さい。

B：あなたは授業中にゲームをしたからでしょう?!

第7課　彼の中国語の教え方はどうですか？

A：あなたたちの中国語の先生は中国人
　　ですか、それとも日本人ですか？

B：中国人です。でも、日本に来てもう何年も経ちます。

A：彼の中国語の教え方はどうですか？

B：教え方が上手です。

A：あなたたちに対して厳しいですか？

B：かなり厳しいです。毎回、私たちに新出単語や、本文を何回も読ませます。そのうえ暗唱もしなければなりません。

A：それじゃ、あなたたちはきっと上達が速いですね。

B：そうですね。先生の丁寧なご指導のおかげです。

第8課　中国語をあなたは何年勉強していますか？

A：中国語をあなたは何年勉強していますか？

B：私は大体2年間勉強しています。

A：進歩が大きいですか？

B：どう言えばいいでしょうか。まあまあですね。

A：じゃ、中国の広告をあなたはきっと見て分かるでしょう？

B：私はいままで中国語の広告を見たことがありません。見て分かるかどうかも分かりません。

A：そうですか？それでは、来週私はいくつか持ってきてあなたにちょっと見せてあげましょう。

B：はい。私に中国の広告と日本のとの違いが少し分かるように教えて下さい。

第9課　アルバイトの時間は以前と同じですか？

A：あなたは最近まだレストランで
　アルバイトをしていますか？
B：もうやめました。
A：あなたは仕事を替えたのですか？
B：はい、私は家庭教師をしています。
A：家庭教師の給与はレストランでのアルバイトより高
　いでしょう？
B：そうです。しかもレストランでのアルバイトほど疲
　れません。
A：アルバイトの時間は以前と同じですか？
B：もちろん（それも）違います。

第10課　問題があるのでしょうか？

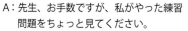

A：先生、お手数ですが、私がやった練習
　問題をちょっと見てください。
B：少し待ってください。
A：ああ、すみません。
B：大丈夫ですよ、私は見ながら話しましょう。
A：問題があるのでしょうか？
B：あなたは"丈夫"という言葉を日本語の意味に訳して
　しまいました。
A：あ、中国語と日本語には（漢字の）形は同じでも、意
　味は異なる字がたくさんあります。本当に難しいです。
B：難しくありません。たくさん練習しさえすれば、大
　丈夫ですよ。

第11課　日本の気候はどうですか？

A：日本の気候はどうですか？
B：日本は国土が細長く、北と南とでは気候が異なります。
A：どこが違いますか？
B：北海道の冬はよく雪が降ります。雪が降るとすごく寒いです。
A：南は？
B：沖縄は、冬はあまり寒くないけれども、夏は大変暑いで
　す。そのうえ、よく雨が降ったり、台風が来たりします。
A：東京の四季はどうですか？
B：冬も寒く、夏も暑いですが、春はとても暖かく、秋
　はわりに涼しいです。

第12課　あなたは体の具合が悪いですか？

A：あなたは今日の顔色がたいへんよくない
　です。体の具合が悪いですか？
B：朝起きたら、頭が痛くて、咳が出て、だるいのです。
A：熱がありますか？
B：今しがた体温を測ったら、37.9度でした。
A：じゃ、あなたはたぶん風邪をひいたのでしょう。
B：ただ風邪ならまだいいですが、インフルエンザだっ
　たらもう大変ですね。
A：たとえ風邪だとしても薬を飲まないとダメだと思う
　ので、あなたは病院に行ってちょっと診察してもらっ
　た方がいいですよ。
B：授業が終わったら、私は先ず保健室に行ってみますね。

第13課　あの店は1杯いくらかあなたは知っていますか？

A：今日の授業後、私たちは一緒に街を
　ぶらぶらしましょう。
B：いいですね。私はちょうど少し
　リラックスしたいと思っていたところです。
A：学校の向こうに新たにミルクティーの店ができまし
　た。ついでに1杯買って飲んでみましょう。
B：タピオカミルクティーは私の大好物です。あの店は
　1杯いくらかあなたは知っていますか？
A：タピオカミルクティーは1杯580円だそうです。高い
　ですか？
B：私がいつも行っているミルクティーの店は1杯560円
　なので、値段は大体同じですね。
A：もう少し安いのもきっとあるでしょう？
B：必ずあるでしょうね。

第14課　あなたは何か趣味がありますか？

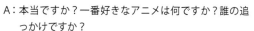

A：あなたは何か趣味がありますか？
B：私はアニメを見ることと、スター
　の追っかけが好きです。
A：本当ですか？一番好きなアニメは何ですか？誰の追
　っかけですか？
B：小さい時は「クレヨンしんちゃん」を見るのが一番好
　きで、今は「ワンピース」を見るのが好きです。追っ
　かけは、もちろん韓国のアイドルですよ。あなたは？
A：私はサッカーや野球も好きですが、ゲームも好きで
　す。
B：私も時々ゲームをやります。
A：そうですか？じゃ、休みになったら、一緒にゲーム
　をしましょう。
B：いいですよ。ただ、私は上手くないので、色々教え
　て下さいね！ハハハ！

第15課　あなたはどこに行きましたか？

A：ゴールデンウィークに私はお宅を訪ね
　ましたが、あなたはいませんでした。
B：私は外国へ旅行に行っていました。
A：あなたはまた旅行に行ったのですか？どこに行きま
　したか？
B：私の中国語の先生が、北京は広くて綺麗で、たくさ
　んの名所旧跡があると私に教えてくれました。
A：じゃ、あなたは北京に行ったのですね？1人で行っ
　たのですか？
B：はい、私はずっと万里の長城、故宮、天壇、頤和園
　と天安門広場を見てみたいと思っていました。今回、
　1人で全部じっくりと見学に行きました。
A：北京ダックを食べましたか？
B：世界的に有名な北京ダックを食べないなんてあり得
　ますか？（もちろん食べましたよ。）

◎中国語音節表

声母＼韻母	介音なし															介音i				
	a	o	e	-i[ʅ]	-i[ɿ]	er	ai	ei	ao	ou	an	en	ang	eng	-ong	i[i]	ia	iao	ie	i…
0 ゼロ	a	o	e			er	ai	ei	ao	ou	an	en	ang	eng		yi	ya	yao	ye	y
1 b	ba	bo					bai	bei	bao		ban	ben	bang	beng		bi		biao	bie	
2 p	pa	po					pai	pei	pao	pou	pan	pen	pang	peng		pi		piao	pie	
3 m	ma	mo	me				mai	mei	mao	mou	man	men	mang	meng		mi		miao	mie	m
4 f	fa	fo						fei		fou	fan	fen	fang	feng						
5 d	da		de				dai	dei	dao	dou	dan	den	dang	deng	dong	di		diao	die	d
6 t	ta		te				tai		tao	tou	tan		tang	teng	tong	ti		tiao	tie	
7 n	na		ne				nai	nei	nao	nou	nan	nen	nang	neng	nong	ni		niao	nie	n
8 l	la		le				lai	lei	lao	lou	lan		lang	leng	long	li	lia	liao	lie	l
9 g	ga		ge				gai	gei	gao	gou	gan	gen	gang	geng	gong					
10 k	ka		ke				kai	kei	kao	kou	kan	ken	kang	keng	kong					
11 h	ha		he				hai	hei	hao	hou	han	hen	hang	heng	hong					
12 j																ji	jia	jiao	jie	j'
13 q																qi	qia	qiao	qie	q
14 x																xi	xia	xiao	xie	x
15 zh	zha		zhe	zhi			zhai	zhei	zhao	zhou	zhan	zhen	zhang	zheng	zhong					
16 ch	cha		che	chi			chai		chao	chou	chan	chen	chang	cheng	chong					
17 sh	sha		she	shi			shai	shei	shao	shou	shan	shen	shang	sheng						
18 r			re	ri					rao	rou	ran	ren	rang	reng	rong					
19 z	za		ze		zi		zai	zei	zao	zou	zan	zen	zang	zeng	zong					
20 c	ca		ce		ci		cai	cei	cao	cou	can	cen	cang	ceng	cong					
21 s	sa		se		si		sai		sao	sou	san	sen	sang	seng	song					

					介音 u									介音 ü			
an	in	iang	ing	iong	u	ua	uo	uai	uei	uan	uen	uang	ueng	ü	üe	üan	ün
an	yin	yang	ying	yong	wu	wa	wo	wai	wei	wan	wen	wang	weng	yu	yue	yuan	yun
an	bin		bing		bu												
an	pin		ping		pu												
an	min		ming		mu												
					fu												
an			ding		du		duo		dui	duan	dun						
an			ting		tu		tuo		tui	tuan	tun						
an	nin	niang	ning		nu		nuo			nuan				nü	nüe		
an	lin	liang	ling		lu		luo			luan	lun			lü	lüe		
					gu	gua	guo	guai	gui	guan	gun	guang					
					ku	kua	kuo	kuai	kui	kuan	kun	kuang					
					hu	hua	huo	huai	hui	huan	hun	huang					
an	jin	jiang	jing	jiong										ju	jue	juan	jun
an	qin	qiang	qing	qiong										qu	que	quan	qun
an	xin	xiang	xing	xiong										xu	xue	xuan	xun
					zhu	zhua	zhuo	zhuai	zhui	zhuan	zhun	zhuang					
					chu	chua	chuo	chuai	chui	chuan	chun	chuang					
					shu	shua	shuo	shuai	shui	shuan	shun	shuang					
					ru	rua	ruo		rui	ruan	run						
					zu		zuo		zui	zuan	zun						
					cu		cuo		cui	cuan	cun						
					su		suo		sui	suan	sun						

中国全图

蒙

◎乌鲁木齐

○吐鲁番

新疆维吾尔自治区

楼兰 ○

敦煌 ○

甘肃省

青海省

西宁 ◎

兰

西藏自治区

拉萨 ◎

四川省

尼泊尔

不丹

印 度

孟加拉国

昆明 ◎

云南省

缅 甸

越 南

老 挝

泰 国

0   500km

俄罗斯

黑龙江省

◎哈尔滨

长春◎ ◎吉林
吉林省

内蒙古自治区

呼和浩特◎

沈阳◎ ◎抚顺
辽宁省

朝鲜

北京市
★

太原◎ 河北省
石家庄◎

天津市☆
黄河

大连○

韩国

日本

陕西省

回族
区

延安○

山西省

济南◎

青岛○

山东省

西安○

郑州◎

洛阳○

河南省

安徽省

江苏省

南京◎

长江

无锡○
苏州○

上海市☆

合肥◎

湖北省

杭州◎

浙江省

天市

武汉◎

长沙○

◎南昌

州省

湖南省

江西省

贵阳◎

福州◎

台北○

台湾

国境线
省·自治区

桂林○

福建省

西壮族自治区

广东省

厦门○

★ 首都
☆ 直辖市
◎ 省会
○ 著名城市

◎南宁

广州○

香港○
澳门○

海口◎

海南省

菲律宾

119

著者紹介

成寅　Cheng Yin（せい いん）

北京師範大学卒，中国社会科学院文学研究所修士課程修了，

中国言語・文学専攻.

元上海大学専任講師.

現在東洋学園大学グローバル・コミュニケーション学部准教授

新・中国語ステップ II

2023年　4月　1日　初版発行

■ 著者　　　　　　成寅

■ 発行者　　　　　尾方敏裕

■ 発行所　　　　　株式会社　好文出版
　　　　　　　　　〒162-0041　東京都新宿区早稲田鶴巻町 540　林ビル 3F
　　　　　　　　　Tel.03-5273-2739　Fax.03-5273-2740
　　　　　　　　　http://www.kohbun.co.jp

■表紙・イラスト　小澤智慧

■写真　　　　　　保山耕一

■吹込　　　　　　李軼倫・印志紅